多元文化背景下的英语教学

段海燕 著

北方文艺出版社
·哈尔滨·

图书在版编目（CIP）数据

多元文化背景下的英语教学 / 段海燕著. -- 哈尔滨：北方文艺出版社，2024.12. -- ISBN 978-7-5317-6473-1

Ⅰ．H319.3

中国国家版本馆CIP数据核字第20246NM867号

多元文化背景下的英语教学
DUOYUAN WENHUA BEIJINGXIA DE YINGYU JIAOXUE

作　　　者 / 段海燕
责任编辑 / 富翔强　滕　蕾　　　　　封面设计 / 琥珀视觉

出版发行 / 北方文艺出版社　　　　　邮　　编 / 150008
发行电话 / （0451）86825533　　　　经　　销 / 新华书店
地　　址 / 哈尔滨市南岗区宣庆小区1号楼　网　　址 / www.bfwy.com

印　　刷 / 廊坊市广阳区九洲印刷厂　　开　　本 / 710mm×1000mm　1/16
字　　数 / 220千　　　　　　　　　　印　　张 / 14
版　　次 / 2024年12月第1版　　　　　印　　次 / 2024年12月第1次印刷
书　　号 / ISBN 978-7-5317-6473-1　　定　　价 / 78.00元

前　言

在当今全球化的时代背景下，教育作为文化传承与创新的重要载体，正面临着前所未有的挑战与机遇。随着国际交流的日益频繁，多元文化的交融与碰撞成为不可逆转的趋势，这不仅深刻影响着社会的每一个角落，也对英语教学提出了更高、更全面的要求。在此背景下，探讨多元文化背景下的英语教学，不仅是对传统教育模式的一次深刻反思，更是对培养具有全球视野、跨文化交流能力和批判性思维的国际化人才的重要探索。

本书旨在通过深入分析多元文化的基本理论，梳理英语教学的历史脉络与现状，进而揭示多元文化教育与英语教学之间的内在联系，探讨多元文化如何塑造并丰富英语教学的内涵与外延。笔者将从教学理念的革新、课程目标的重构、教学技能的培养、教学组织与实施的创新，以及信息技术在英语教学中的深度融合等多个维度，全面剖析多元文化背景下英语教学的转型与发展路径。

通过本书的阅读，读者将深刻理解到，在多元文化背景下，英语教学不再仅仅是语言知识的传授，更是文化理解、尊重与交流的桥梁。它要求教育者具备开放包容的心态，灵活多样的教学策略，以及运用现代信息技术提升教学效果的能力，以培养出既精通英语又深谙多元文化精髓的新时代人才。这不仅是对学生个人成长的负责，更是对构建更加和谐、包容的世界秩序的贡献。

目 录

第一章 多元文化与英语教学 ·· 001
    第一节 多元文化的基本理论 ·· 001
    第二节 英语教学概述 ·· 019
    第三节 多元文化教育与英语教学的关系 ································ 028
    第四节 多元文化对英语教学的影响及意义 ···························· 030

第二章 多元文化背景下的英语教学理念 ····························· 035
    第一节 多元文化背景下的反思性教学 ································ 035
    第二节 多元文化观下的任务型教学 ·································· 041
    第三节 多元互动英语教学 ·· 046

第三章 多元文化背景下的课程目标和双语教学 ····················· 054
    第一节 一元文化课程的反思与多元文化课程目标 ···················· 054
    第二节 多元文化背景下的双语教学发展趋势 ························ 059

第四章 多元文化背景下的英语教学技能培养 ······················· 063
    第一节 多元文化背景下的英语语音及词汇教学 ······················ 063
    第二节 多元文化背景下的英语听力与英语口语教学研究 ············ 085
    第三节 多元文化背景下的英语阅读与英语写作教学研究 ············ 113
    第四节 多元文化背景下的英语翻译教学研究 ························ 148

第五章　多元文化背景下的英语教学组织与实施 ……………… 171

　　第一节　课前准备教学研究 ……………………………… 171

　　第二节　课堂组织原则与策略 …………………………… 175

　　第三节　课堂提问原则与策略 …………………………… 181

第六章　多元文化背景下英语教学与信息技术创新 …………… 187

　　第一节　多元文化背景下英语教学与信息技术整合概述 …… 187

　　第二节　多元文化背景下英语教学与信息技术整合的重点与作用 …… 203

　　第三节　多元文化背景下英语教学与信息技术整合实践 …… 212

参考文献 …………………………………………………………… 215

第一章　多元文化与英语教学

随着经济全球化进程的不断加快及我国社会经济的飞速发展，我国在世界舞台上扮演着越来越重要的角色，同世界各国之间的交往也越来越频繁。在此背景下，世界各国文化开始呈现日益渗透与交融的趋势，并呈现多元化发展的趋势。当前，多元文化已经对我国社会各个领域产生了非常显著的影响，教育领域自然也不例外。英语教学作为教育的一个重要组成部分，也应当顺应时代发展的潮流，积极与多元文化相融合，不断推动教学方方面面的改革。本章将围绕多元文化与英语教学的相关内容展开探讨，具体内容包括文化与多元文化的基础知识、英语教学的技术知识、多元文化教育与英语教学的关系以及多元文化对英语教学的影响及意义。

第一节　多元文化的基本理论

一、文化与多元文化

（一）文化概述

1. 文化的定义

"文化"这一概念，无论是在过去，还是在现在，都频繁地出现在人们面前，但是，究竟什么才是文化，却很少有人能够给出一个非常明确的回答。实际上，"文化"一词，中国自古便已有之。早在战国末年的文献中，就已经出现了关于文化的记载，如"刚柔交错，天文也。文明以止，人文也。观乎天文，以察时变；观乎人文，以化成天下"。其中提到的"天文"与"人文"

就属于文化的范畴。"天文"指的是自然界中存在的各种规律;"人文"则指的是人类社会中所存在的各种规范与条律,具体来说,包括人类社会中的君臣、父子、夫妇、兄弟等各种各样的人伦关系以及人际交往中所应当遵循的各种原则与规范。在古代社会中,上至上帝大臣,下至平民百姓,在社会生活和人际交往中都必须严格遵循既定的规范与条律,这样才能够维护社会的稳定及国家的和谐与繁荣。

实际上,"文"与"化"这两个字一起出现是在西汉之后了。典籍中的一些记载很好地说明了这一问题,如"文化内辑,武功外悠""文化不改,然后加诛"。经过分析,我们发现,这些典籍中所述及的文化,基本上都是与自然相对而言的或者带有一种未经教化的"质朴"与"野蛮"的意味。因此,在汉语的文化语境之中,"文化"这一概念的本义是"以文教化"。也就是说,这一概念是从精神层面而言的,表现了对人所进行的一种思想品德的教化以及性格情感的熏陶。从更广阔的视角来看,文化始终是伴随着人类社会的发展而发展的。对文化来说,认识是作为其创造的主体而存在的,自然界则是作为其发展的客体而存在的。然而,从本质上来说,文化又是人类与自然、主体与客体在社会实践中所形成的一个对立统一体。实际上,自然并非单纯指人类社会之外的自然界。除此之外,它还指人类自身所具备的各种生物的本质属性和自然禀赋等。文化的最初目的是人对自然界进行改造,最终实现自身的改造,成为实践的人、社会的人。这一方面说明,文化是由人类所创造的,另一方面也说明文化对于人类具有明显的塑造作用。基于此,我们可以得到这样一个结论,即文化的实质就是"人造物化",具体指人类作为主体,通过各种形式的实践,对作为客体的自然界加以适应、改造与利用,并且在此过程中形成一些比较稳定的价值观念。人类活动所产生的一系列结果不仅改变了自然界的形态、面貌与功能,而且在极大程度上促进了人类个体乃至整个社会群体素质的提升。由此可见,所有人类有意识地对自然界所进行的实践活动以及所产生的结果,都属于文化的范畴。

"文化"一词对应的英文为culture,对应的德文为Kulture,两者均是从拉丁文colere一词发展而来的,其最初的意义为"耕作(土地)",后来又逐渐被引申为对人的精神、智能、兴趣进行培养。众多学者都曾对文化的含义做过研究,并提出了自己的观点,由于涉及的角度不同,学者们对于文化所下的定义也各具特色。1952年，在《文化：关于概念和定义的检讨》中，美国人类学家艾佛莱德·克罗伯和柯莱德·克拉克洪（Alfred Kroeber and Clyde Kluckhohn）针对1871年到1951年这段时间西方所出现的关于文化的160多个定义进行了分析，并指出，文化的行为模式包括外层与内隐两个层面，它的传递是通过行政符号来传递的；在文化中，传统的观念尤其是其所带来的价值是最核心的部分；文化体系不仅是行为的结果，同时也是能够对行为起到决定性影响的因素。

1965年，在《文化的社会进程》中，莫尔（More）提出了250种关于文化的定义。随后，俄罗斯学者克尔特曼（Coltman）经过研究发现，关于文化的定义已经有400多个。在关于文化的众多定义中，最典型的是霍贝尔（Hoebel）和福罗斯特（Frost）在1976年所提出的观点，他们认为文化是一个在经过学习之后而掌握的关于行为模式的综合体系，是社会成员在日常活动中所表现出来的特征，它并不是通过生物继承得来的。随着研究的不断深入，现如今，文化的内涵与外延所涵盖的内容也已经越来越丰富，对其进行理解，可以从广义与狭义两个角度来进行。从广义上来说，文化可被称为"大文化"，指的是与自然相对立的所有的人类文化成果。从狭义上来说，文化又被称为"小文化"，指的是人类所有的精神活动及其所产生的结果。通常来说，我们常说的文化是狭义上的"文化"。

2. 文化的功能

在人类社会的发展进程中，文化的功能是不容小觑的，主要体现在整合功能、导向功能、维持秩序功能以及传续功能四个方面。

（1）整合功能

对文化来说，其最基本的功能就是整合功能。所谓整合功能，指的是文化在群体成员的行为协调方面发挥的重要作用。众所周知，社会群体是由众多的个体所组成的，而每一个个体均表现出方方面面的差异，他们都是独立存在的独特的个体。因此，每一个个体所做出的各种行为也都是从自身的理解与需求出发的，这就必然导致个体行为的差异。而文化所发挥的作用就是对这些行为差异明显的社会个体进行协调与整合，从而促进个体与个体之间的沟通交流，使其在行为上具有一定的协调性与一致性，从而更好地进行合作，最终推动社会的不断进步与发展。

（2）导向功能

导向功能也是文化的重要功能之一。所谓导向功能，指的是在人类进行各种活动时，文化能够为其指导并提供有效的方式。人是依托于社会而存在的，因此人要实现发展，就必须将自己置于整个社会的大背景之下。文化可以在全社会范围内实现共享，在个体受到文化的影响之后，他们就能够自觉地从整个社会的价值观念出发来做出各种行为，从而得到其他社会成员的认可。从这方面来说，文化的导向功能是非常显著的。

（3）维持秩序功能

文化是全人类文明与智慧的结晶，凝聚了全体人民共同的生活经验，因此它能够被人们广泛地接受与认可。因此可以说，某种文化的形成，也就说明了这一文化中所涵盖的思想观念、价值观念与行为规范是被人们所广泛认可的，人们的各种行为也会在遵从这一文化的前提下展开，这样一来，社会秩序便能够得到稳定。而且，只要这种文化一直被人们所认可，其在维持社会秩序方面所发挥的作用就一直是有意义的。

（4）传续功能

文化的发展经历的是一个代代传承的过程，上一代所确立的文化被下一代所认可，就能够被传承下去，自古至今均是如此，这说明了文化在人类社会发展的进程中发挥了传续的功能。

（二）多元文化概述

1. 多元文化的含义

自"多元文化"这一词语产生之日起，众多学者就开始了不断地研究，他们都在基于自身理解并结合众多研究经验的基础上，从众多角度提出了自己的观点。但是究竟何为多元文化，至今学界并未形成非常统一的观点。下面我们将对多元文化所涵盖的一些重要方面的问题进行探讨。

针对多元文化，英国多元文化教育家詹姆斯·林奇（James Lynch）曾提出，多元文化指的是在一些特定的地域中各种不同的文化共同存在并且彼此相互作用的一种现象。这种观点在一定程度上说明了多元文化所具备的一些特点，即不同文化共同存在且相互作用。

在20世纪五六十年代的诸多研究之中，多元文化常常被用于指代两种文化现象：一是指殖民地与后殖民地的文化。在殖民地与后殖民地社会中，有两种差异非常悬殊的文化同时存在，即原住居民的民族或种族文化以及殖民国家尤其是欧洲国家的统治文化，这两种完全不同的文化形态构成了多元文化。二是指不同民族的文化。众所周知，不同的民族由于受到地理环境、风俗习惯、社会背景等诸多因素的影响，往往具有非常大的差异，因此他们的文化也呈现多种多样的特点。虽然很多时候这些民族能够共同存在，但是他们在文化上仍然具有自己的民族特点，这就促进了多元文化的出现。最近几年，人们对文化的理解越来越深刻，并且开始从更多的角度对多元文化进行研究，因此，关于多元文化的释义也出现了更多的变化。实际上，统治文化与被统治文化并不仅仅出现在殖民国家之中，即便是一些比较发达的国家之中，这种状况也是存在的。除此之外，思想观念、价值体系等方面的差异也并不仅仅限于不同的民族之间，其实，这些差异在不同的地域、阶层、群体、性别之间同样也是非常显著的。

其实，"多元文化"的范畴并不仅仅包括"文化"，其范畴非常广，还涵盖了赋予政治、经济、文化等平等权的诸多内容。1995年，在召开于澳大利亚的"全球多元文化大会"上，联合国教科文组织向大会提交了重要报告，其中对"多元文化"的内涵做出了重要的总结，即多元文化的内涵包括各个族群均享有文化认同权、社会更公平权益及经济收益需求。自此之后，多元文化的含义被进一步扩大。其中，"多元"一词的内涵也越来越丰富，它不再仅仅限于最初的弱小群体与外来民族，而是更广泛地涉及众多不同的群体乃至所有种族的人。

就目前来看，关于多元文化的研究虽然已经越来越丰富，但是，其定义究竟该如何界定，仍然是学界无法确定的一个问题。仅就"文化"一词来说，其内涵就已经相当广泛，界定起来亦是非常复杂，所以"多元文化"的界定必然也是非常复杂的。在多元文化中，文化的含义也是非常丰富的，它不仅仅指狭义上的文化，而且指广义上的所有的人类文明成果，既包括人类所形成的具有一般特征的生活方式、创造的知识成果，也包括特定的区域与社会中的人的全部生活方式。基于这一点，我们可以从宏观的角度来理解多元文化中的文化，即它包括了人类社会中所形成的各种各样的价值观念、风俗习惯、行为方式等，是一个多种因素的综合体。此外，我们也可以从微观的角度来理解多元文化中的文化，即它指的是人类生活中所凝练和升华的具有高度智慧的理性的成分。所以，从整体的视角出发，对于多元文化中的文化我们可做如下解读：指人类所有成员在实际中所创造、共享、利用并且代代传承的生存、生活与发展方式，它是一种超越了生物、个体与民族的具有高度超越性的群体文明成果。

基于以上分析，我们可以得出，多元文化的层次也是非常丰富的。它既指整个人类社会中各种不同文化的共同存在、发展与繁荣，也指某一个特定的民族对其他民族文化的借鉴与吸收。本书中所提到的多元文化，指的是不同民族的异质文化，如传统文化与现代文化、东方文化与现代文化等异质文化；此外，还包括不同时空的文化以及由这些文化形式所构成的系统。

2. 多元文化发展的重要意义分析

伴随着历史进程的不断推进，多元文化也是在不断发展的。在漫长的发展历程之中，多元文化并不是仅仅作为一种文化形式而存在的，实际上，它在通过不同民族文化之间的共生共存与相互作用中不断地推动人类的文明进程，并且深刻地影响着当今人类社会的发展。

从历史的角度来分析，文化的发展对于人的学习能力及知识传授能力具有比较强的依赖性。在文化发展的历史进程之中，每一代人都会为了生存与发展而继承前一代的优秀成果，并同时对社会与自然做出一定程度的改造；除此之外，他们还会不断地接触到一些外来文化，这些因素都是文化发展的重要助推力量。可见，在文化的传递过程中，纵向的集成与横向的开拓其实是并存的。继承是源于对主流文化的一种认同，起到的是整合的作用；开拓则是对于主流在文化的脱离，起到的是拓展新成分的作用。对文化的发展来说，这两者都是不可或缺的，而横向的开拓意义更为重大。尤其是对一门学科的发展来说，横向的开拓就是要接受外来文化的影响，对该学科之外的知识进行广泛的利用，以及对原先所忽视的文化进行积极的开发。其中，外来文化的影响是一个最复杂也最值得关注的因素。

纵观欧洲文化的历史发展进程，我们可以发现，其之所以经历了漫长的历史进程仍然保持着顽强的生命力，其中一个至关重要的因素就是对各种不同文化因素的借鉴与吸收，外来文化的影响为欧洲文化不断注入新鲜的血液，使其不断丰富，从而具备了日益强大的生命力。同样地，中国文化的发展也受到了外来文化的深刻影响。例如，自印度佛教传入中国之后，便得到了足够的重视，由此推动了中国宗教、文学、艺术等诸多领域的发展与繁荣。因此可以说，中国文化的发展在很大程度上与对印度佛教的吸收与借鉴是分不开的。与此同时，印度佛教也在中国生根发芽并逐渐发展壮大。特别需要指出的是，中国对于印度佛教并不是全盘地接受，而是在借鉴的基础上，使其中国化，并且形成了具有中国传统文化特色的佛教宗派。而且，在佛教宗派的影响之下，宋明新儒学实现了良好的发展。此外，中国佛教宗派还传入日本与朝鲜，并且对其民族文化产生了深刻的影响。由此可见，由于对外来文化的吸收与借鉴，才使中国文化成为一个资源丰富的文化宝库，并且推动着人们为文化的进步而不断创新。可以说，如果没有文化的差异，也就不存在文化的多元化发展，我们今天所看到的绚丽多彩的文化也就自然不存在了。

3. 多元文化的特点分析

在不同的时代背景下，多元文化也相应地表现出不同的特点。当今时代，经济全球化、政治多极化以及信息技术的飞速发展都对多元文化产生了非常深刻的影响。在此背景下，多元文化也呈现出一些崭新的特点。

（1）多元文化的信息化

自从工业革命之后，工业文化便成为人类社会的主导文化，这一文化的核心就是机器系统。自20世纪40年代之后，信息技术的飞速发展使人类的生产生活方式发生了巨大的变革，更使世界发生了巨大的变化。信息技术极大地突破了时间与空间的限制，实现了信息的一体化，人们可以随时随地根据自己的需求获取与传播信息，信息传播的准确性、及时性与综合性特点也使人类成为一种庞大的信息整体。在信息技术的深刻影响下，工业革命之后文化所具备的工业性质开始向信息文化的性质转变，人们的文化活动不再表现为单纯的对机器的依赖，而是转向对信息的信赖。在此背景下，信息不仅成为多元文化的重要载体，其自身也成为多元文化的一个至关重要的组成部分。

（2）多元文化的全球化

人类对于信息文化的依赖使世界各国之间的联系日益密切，并且成为一个庞大的信息整体。处于信息时代，人们只要处于信息网络之中，无论在何时何地都能够迅速地了解到世界上所发生的事情。例如，在全球一体化的信息网络之下，世界某一个角落所发生的变化，能够非常迅速、准确地传播到世界的其他地方，被更多的人所知晓，这样一来，全球各个国家之间的联系也越来越紧密，彼此所产生的影响也越来越显著。多元文化最初存在于某一区域之中，凭借信息网络，逐渐扩展至全球，这不仅在很大程度上体现了不同国家之间的文化差异，也使不同国家之间的交往越来越频繁。处于这种背景之下，人们越来越深刻地认识到自身的生存状态，并且以一种积极的姿态去接触各种不同的文化，从而取长补短，不断完善自己。在这个过程中，各种文化逐渐实现交流与融合，世界也开始逐渐发展成一个"地球村"。

（3）世界多元文化研究与交流的空前发展

当今时代，随着信息的一体化，传统的知识界限逐渐被打破，人们在获取知识方面有了更广阔的空间。首先，各种知识在信息技术的作用下逐渐综合为一个整体，这样一来，人们就能够采用一种综合的方法来对其进行研究。其次，信息一体化是不同学科之间开始出现交流与写作的趋势，这也是信息不断更新与增长所提出的一个现实要求。自 20 世纪 40 年代之后，跨学科综合研究成为众多研究者所关注的焦点之一。世界上的许多文化都开始走向研究者的视野，如中华文化、印度文化、欧洲文化等。在信息技术的辅助之下，人们的交往手段不断发展，文化意识也越来越强，世界上各种不同的文化越来越多地走进了人们的视野，以前人们感到陌生的诸多文化也逐渐开始变得熟悉。与此同时，随着文化交流的日益频繁，留学生的数量不断增加，越来越多的人开始在异域文化中生存，这也在很大程度上促进了文化的渗透与融合。由此可见，任何一种文化的发展都不可能是完全独立的，只有积极接受其他文化的影响，吸收其他文化的优秀成分，才能为自身的发展注入源源不断的活力。这正是当今时代背景下多元文化的重要特点之一。

二、多元文化的特点、意义及课程的价值选择

（一）多元文化的特点

不同的时代具有不同的文化，多元文化也呈现出不同的特点。在当今，经济全球化的趋势、政治多极化格局的形成以及信息技术的飞速发展都对多元文化产生了重要的影响，并赋予了多元文化明确的时代特征。具体来说，多元文化的特点可以归纳为以下几个方面。

1. 信息化

自工业革命以来，人类文化中占主导地位的便一直是工业文化，而工业文化的核心是机器系统。到了20世纪50年代，以电子计算机、人造地球卫星、电视机等为核心的信息技术形成一个统一的传播系统，其基本特点是信息一体化，即可以超越时空限制，在全世界范围内及时、准确、综合性地加工、传递、存储信息，从而将人类联结为一个信息整体。信息既是多元文化的载体与介质，也是多元文化的组成部分。

2. 全球化

全球化的发展与信息化是分不开的，当今社会是一个信息化的社会。信息化的发展将整个世界联结为一个巨大的信息网络，无论我们处于何地，只要被纳入这个信息网络，就可以知晓这个世界正在发生的种种变化。而世界某个局部的社会变迁也可以及时、准确地传到全球范围，并产生全球影响，从而大大增强了全球各区域之间的联系。这样，各种文化在传递与交流中取长补短、相互融合，使世界真正变成一个"地球村"。

（二）多元文化的意义

多元文化的发展是历史和社会的事实，多元文化对于社会的持续发展具有重要的意义。当今世界的各种文化都深深地影响着人类社会发展的历史进程，并在当今产生持续性的影响。

从历史的角度来看，文化发展首先依赖于人类学习的能力以及将知识传递给下一代的能力，而每代人也都会为当时的时代增添一些新的内容。这些新的内容包括他们从当时的社会所吸收的东西以及他们自己的创造，也包括他们接触到的外来文化。其中，外来文化的影响是文化发展过程中最值得重视，也是最复杂的因素。正如英国哲学家罗素所认为的："不同文化之间的交流已被多次证明是人类文明发展的里程碑。希腊学习埃及，罗马借鉴希腊，阿拉伯参照罗马帝国，中世纪的欧洲又模仿阿拉伯。文艺复兴时期的欧洲则仿效拜占庭帝国。"以欧洲文化为例，可以毫不夸张地说，欧洲文化之所以发展到今天仍有强大的生命力，就是因为它能不断吸收不同文化的因素，使自己不断得到丰富和更新。

（三）多元文化课程的价值选择

由于多元文化的影响不断深入，一元文化课程受到前所未有的挑战，而多元文化课程却为当今的课程改革注入了新的活力，甚至为新的课程改革提供了一种可供选择的路径。然而，多元文化课程的推行同样存在阻力，我们确实已步入一个多元文化的时代，但由于文化类型林林总总、纷繁复杂，文化积累也比任何时代都丰富和深刻得多。多元文化课程是否需要或者有必要将所有的文化类型都纳入其中？即使需要纳入其中，由于学生的学习负担和课程容量都是有限的，现实中的课程是否能够把各种文化类型都涵盖进去？此外，非主流文化族群对于多元文化课程也存在许多担忧，那就是让自己的孩子更多地接受本族文化的教育是否会影响他们接受其他先进文化教育的完整性，是否会影响他们日后的发展与选择？因此，对于多元文化背景下的课程，必然有一个价值选择的问题，而课程文化的价值选择必然影响课程的发展方向。因此，在多元文化课程的价值选择中要注意以下几点。

首先，要有一个多元的发展视野。关于一元文化与多元文化的争论一直存在且必将持续下去。但无论如何，人们通常用来描述文化的单一性的方法在文化多样而又急剧变动的格局中不再适用，新时代的文化沟通以在世界性的多元文化格局中寻求人文世界的求同存异而变得越加迫切。但同时，我们也不能把多元文化的理念当作解决现实社会中课程问题的"灵丹妙药"，甚至根本就不存在解决现存问题的现成办法。我们所努力从事的工作，正是在复杂多变的世界格局和人类发展中，拓宽文化理解的新视野，在多元文化视野中寻求文化自觉。这就要求我们在文化一元与多元的矛盾中保持适宜的张力，即把对立的两极联系起来，使对立的两极互相补充，以保持文化普遍性与特殊性之间、共性与个性之间微妙的平衡。无论是价值的普遍性，还是强调不同文化之间的平等和独特品质，其本身都反映了文化的两个方面，将其对立起来的做法显然是过分情绪化的。多元文化课程旨在分享不同文化的成就与贡献，促进不同文化族群之间的有效交流、相互理解、相互认同和相互尊重。

其次，要采取知识统整的方法。多元文化课程不是各种文化内容简单相加的结果，而是通过一种统整的方法，将相互作用的各种文化内容整合起来。其课程设置仍以主流文化的人、事、物为主，但多元文化的观点应渗透到学校全部的显性与隐性课程之中。课程内容应反映所有族群的贡献，有助于学生全面理解非主流文化族群的文化以及特征，形成学生跨文化交往的知识、技能，在表述各族群的历史、文化、政治、社会状态时，避免歧视性的、带有成见的语言、文字、插图，使所有学生都感到它们处于同等重要的地位。在涉及历史及当代重要的、有争议的社会问题时，力求以一种多元的、开放的方式来进行分析和讨论。课程应考虑到非主流文化族群学生的学习习惯、风格、认知及语言。学生则立足于本地区文化基础上，融入各种文化内容，进行批判性学习，从而获得自我发展。多元化包含了最好的单一化的优点，避免了它的缺点、退化和僵化。学校受种种因素制约，其本身是极其复杂的，它同时又要面对全民的教育需求，因而试图以一种模式，即使是最好的模式，去规定和限制它，结果也只能是阻碍它的发展。而一元课程正是单一封闭的，热衷于整齐划一，即统一的目标、统一的要求、统一的内容、统一的时间、统一的形式、统一的评价标准。它让丰富多样的教育实践失去了活力，丰富多样的个性失去了生命力。这种统一性、划一性符合了工业化进程标准化、一体化的要求。而现在工业化已经发展到后工业化水平，标准化让位于个性化，一体化让位于多样化。学校课程如果不能适应这些变化，很好地朝着多样化方向转变，仍然坚持统一的观点，就必然落后于社会的变革，亦不能满足学生多样化发展的需要。因此，学校课程一方面要对既有课程结构进行适当调整或改造，将多元文化内容有机地融入学校教育的网络；另一方面，要以选修课程、核心课程、增补单元等方式对课程结构做重新审视，并在此基础上予以全盘设计，为学生提供使之理解并接受多种族群文化的课程，培养他们在跨文化环境中的适应能力。

最后，要坚持个性指向。多元文化课程必须克服目前存在的单一性，树立尊重个人、发展个性、培养自我责任意识的观点。发展个性并非放任自流、自由无序，而是尊重每个人的个性特长，充分发挥和培养他们的个性特长，同时让每个学生真正地认识自我个性，在认识自我个性的同时，认识他人的个性，尊重他人的个性。个性不仅指每个人的个性，而且意味着每个家庭、学校、社区、企业、国家、文化以及时代的个性。这些个性并非毫无关联、孤立存在，只有真正地认识自我的个性，培养和发展它，并做到尽职尽责，才能更好地尊重和发挥他人的个性。个人的尊严、个性、自由、自律、尽职尽责等，是一个不可分割的统一体。只有了解自己的个性和他人的个性，才能更好地尊重并发挥自己和他人的个性。这是贯穿于个人、社会、国家永恒的哲理。这就要求建立新型的课程实施形式，使得知识的被动接受和灌输让位于适合个人特点的主动学习，教师权威式教学让位于交流式教学；建立民主平等的师生关系，改变建立在"教授和被教授"基础上的师生关系；实行有效的民主管理，而有效的民主管理主要不是依靠教师和管理人员，而是依靠包括教师、学生、家长、专家、行政人员、有关社会团体在内的所有人员；强化教育的变革，经常反省教育的目标、内容、方法，根据实际做出修改，保持进取、创造和更新的活力。要满足所有人基本的学习需要，学校课程就必须在多样化和个性化上做出必要的选择。而多样化与个性化是一个问题的两个方面，多样化是从数量上保证个性化得以实现，个性化则是从质量上促进多样化的发展。

三、多元文化的研究现状与教育分析

（一）多元文化的研究现状

多元文化的概念提出之后，国内外相关学者对其进行了全面且深入的研究，并出现了多种流派和观点，其中有些促进了多元文化教育和课程的发展。下面我们就来回顾与探讨多元文化在国内外的研究现状。

1. 国外学者的研究成果

（1）詹姆斯·A.班克斯（James A. Banks）的多元文化课程理论

美国教育学家、文化学家詹姆斯·A.班克斯作为著名的多元文化教育专家，撰写和主编了多部与多元文化教育相关的论著。他在其著作中探讨了多元文化教育的范畴、目标以及多元文化的历史与社会背景，并在多元文化教育课程设计、语言教学、教师素质要求等方面进行了深刻论述。在其著作中，班克斯介绍了多元文化教育的目的、特征和方法，并提出了多元文化教育寻求课程变革的方法，以便使所有学生都能掌握在多元民主社会中所需要的知识态度与技巧。

综合班克斯的著作，他的主要观点可以概括为：多元文化教育是一场精心设计的社会改革运动，目的是改变教育的环境，以便让那些不同地区、民族、阶层以及不同性别的学生获得平等受教育的权利。进一步说，多元文化教育的对象是所有学生，目的是提高他们的教育素质，帮助他们获得自身文化以外的跨文化能力。

班克斯的多元文化课程理论对多元文化课程的发展做出了重要贡献，同时产生了巨大的社会意义，有着非常广泛而深刻的影响。当然，班克斯的理论也在实践中暴露出一些弊端。例如，有批评者指出，若要给所有地区的学生提供了解其他地区文化的机会，将必然导致一种早已为批评家所竭力反对的效率低下的分散化教学。此外，批评者还指出，多元文化教育者想当然地认为只要让学生对其他文化的价值观、信仰、历史等有足够的了解，他们就会增强对其他文化的容忍度。但实际上，这种想法是有偏差的，因为诸如价值观、信仰等范畴几乎无法帮助学生以移情的作用对待那些在文化方面与自己相异的人的生活经历。

（2）詹姆斯·林奇（James Lynch）的多元文化课程理论

詹姆斯·林奇是英国著名多元文化教育研究专家，他主要从英国的经验出发研究多元文化教育，并提出了自己的多元文化课程理论。他在专著《多元文化课程》中，立足于英国的多元文化社会，对多元文化课程的理论框架、发展资源、目标与行动等问题做了深入系统的探讨，并在多元文化课程的目标、课程内容的选择、课程的程序原则等方面提出了独到的见解。在其另一部专著《全球多元文化教育》中，林奇则从全球社会与国际关系的角度，对全球社会多元文化教育的教学方案、课程设计等方面进行了论述。

林奇认为，多元文化教育有三个主要目标：一是维护社会的平等与团结，二是积极发展文化的多样性，三是实现人类公正。他认为多元文化教育要满足所有少数地区学生的教育需求，同时还帮助所有不同民族、信仰、语言、性别的群体学会如何在多元文化社会中积极和谐地生活。林奇还认为，多元文化教育发展的最高阶段是全球教育。

林奇的理论对多元文化课程理论的发展做出了重要的贡献。但是，和班克斯的理论一样，林奇的课程模式也存在片面追求社会意义而忽视对学生研究的问题。在他的课程模式中，很难发现学生的兴趣、需求、经验与学习特点，也难以看到知识的结构与体系。

（3）托比亚斯·吕尔克尔的多元文化课程理论

托比亚斯·吕尔克尔是德国教育学家，他在《多元文化教育：课程及其改革战略》中阐述了他对多元文化课程及其改革的设想。吕尔克尔首先回顾并总结了人们对整个20世纪以传播知识为中心的课程的批判，然后拟定了多元文化课程改革的总则。这一总则即在多元教育的条件之下，课程目标应该是把面向实际经验的课程与具有现代化科目的课程结合起来，学校只有引入这一课程，才能真正实现多元文化教育。

在社会、学生和知识三者之间的关系中，吕尔克尔的理论课程思想不同于班克斯和林奇偏重于社会因素，而是将重心转向学生，强调学生的学习经验，并重视对其他文化的系统掌握，在以学生为中心的基础上寻求两者之间的平衡点。在课程设计与组织上，吕尔克尔也适当遵循了学生在多元文化学习过程中心理发展阶段性的特点，强调将经验课程与科目课程结合起来。应当说，吕尔克尔的这些观点都是值得考虑并加以采纳的。

2. 我国学者的研究成果

我国对多元文化领域的研究起步比较晚，但是近年来，国内学者对多元文化的研究也日益增多，主要包括以下几个方面。

我国学者施旭在其著作中，从话语分析、话语心理学和文化研究的角度，介绍了话语与文化研究的最新观点与研究方法。在其著作 *A Cultural Approach to Discourse* 中，施旭基于大量的文化知识与文化经历，批判了话语分析中以西方文化为主的文化主义，倡导中西文化的融合与研究，并提出了一整套切实可行的话语分析方法。

哈经雄、滕星主编的《民族教育学通论》，在费孝通"多元一体格局"理论的启发下，通过对国内外地区理论和多元文化教育理论的潜心研究与分析，在多元文化教育研究领域首先提出了"多元文化整合教育"，为解决地区教育本土化与多元文化教育的冲突提供了理论基石。

张瑞璠、王承绪主编的《中外教育比较史纲》也涉及了多元文化教育的研究。他们对多元文化教育的背景、理论范型以及多元文化教育的实践模式进行了介绍，并分析了多元文化教育课程的含义、构建原则，提出了多元文化教育课程开发的建议。

王鉴在《民族教育学》中对西方多元文化课程理论进行了分析，并对多元文化的课程本土化研究进行了较全面的阐述。在其论文《多元文化教育课程的本土建构》中，他又在对多元文化教育及其课程理论进行阐述、分析和批判的基础上，尝试建构多元一体教育及其课程。

李庶泉在《多元文化课程理论研究》中，论述了多元文化课程的缘起是各族群之间的冲突与妥协。多元文化课程在多元主义与同化主义之间摇摆，出现了多元文化课程的理性范式和激进范式。此外，该论文还分析了保守派与激进派从哪些方面、如何对多元文化课程进行批判，并总结了当今西方多元文化课程的发展趋势。

孟凡丽在《多元文化背景中地方课程开发研究》中，介绍了国外多元文化课程的理论，并结合国外多元文化教育和课程理论，对多元文化的少数地区地方课程的开发进行了研究。

（二）多元文化教育分析

1.多元文化教育的渊源

（1）经济与科技渊源

马克思主义认为，科学技术是生产力，生产力又是社会发展的根本动力。科学技术是推动社会变革的最有力的因素。人类历史的前进和发展无不是在科学技术的推动之下进行的。由于各种通信技术，尤其是网络技术的发展，人们足不出户便可以间接地认识不同文化与群体，认识到大千世界无奇不有。人们已经深刻地认识到，世界是由不同的群体与不同的文化构成的。文化多元化的思想已经深入人心。

另外，自工业革命以来，资本主义为了追求更大的利润，其资本在地区和国家之间不断地流动。而资本的国际流动不可避免地带来了文化之间的碰撞、冲突、交流和吸收。经济的强大必然促进文化的强盛，进而使该经济所代表的文化成为强势文化。这样，强势文化的国家的资本流向弱势文化的国家，或者经济发达地区的资本流向经济落后地区。而无论是强势文化的国家还是弱势文化的国家，无论是经济发达地区还是经济落后地区，都会感受到资本和人口流动所导致的不同文化之间的冲突。

科学技术的发展和跨国资本的流动导致了人类文化多样性的减少以及不同文化之间差异逐渐消失的趋势。从表面上看，随着当代科学技术的突飞猛进，以及商品、贸易、技术、资金、生产的跨国界交流和流通的加速与扩大，世界被紧密地联系在一起，成为我们常说的"地球村"。一方面，由于各种文化更加频繁地接触、碰撞、交流、吸纳、整合，地区文化正逐步向全球文化缓慢过渡，即世界上的文化正趋于"一体"。但另一方面，世界上的文化又是多元的，多元文化的存在是一个客观事实。面对这一矛盾，无论是个人、群体还是国家都感到了困惑，从而导致了"多元化"和"一体化"之间的争论。而多元文化教育正是在这种矛盾和困惑中产生的，是对这种争论的一种回应。

（2）哲学渊源

多元文化教育与哲学之间的渊源主要体现在后现代主义及其发展上。我国有学者指出，后现代主义在欧洲大陆产生的时间为20世纪60年代前后。而从时间上看，多元文化教育也是兴起于20世纪60年代。

后现代主义没有统一的思想体系，其许多代表人物都有自身关注的方向与立场，他们强调"非中心化""差异性""多元性""边缘性""异质性"等概念。事实上，这些概念和原则也正是文化多元主义所倡导的。后现代主义体现了一种从"一元"到"多元"转变的思想，而"多元"正是文化多元主义的核心，是多元文化课程的重要理念。

也许，后现代主义的思想和理念与多元文化教育的产生之间没有明显的因果关系，但不可否认，后现代理论的多元主义观点确实对多元文化教育的产生与发展起到了催化剂的作用。可以这样理解，文化多元主义是后现代思想庞杂体系中的一个构成部分。此外，文化多元主义理念的产生也得益于后现代主义思潮对知识与权利的关系问题的研究。在一个多元的世界里，人们以一种异质的标准来面对各种知识，而主流文化及其标准越来越受到挑战，主流文化所主导的教育和课程也受到了多元文化教育及课程的挑战。

2. 多元文化教育的含义

作为20世纪的一个教育概念和教育改革策略，多元文化教育是20世纪具体学科发展和政治活跃的结果。而多元文化教育的概念自提出之日起就引起了许多地区的关注。许多学者从不同的角度，以不同的方式来解读多元文化教育，比较有代表性的有如下几个。

美国学者盖伊（Genera Gay）认为，一种明确的多元文化教育哲学的阐述对学校课程发展过程是十分重要的，多元文化教育哲学认为地区文化多样性和文化多元主义应该是美国教育的一个重要组成部分与不间断的特征。学校应该教学生真正地将文化和地区多样性作为美国社会标准与有价值的东西而加以接受。

美国教育学家班克斯认为，多元文化教育是一场精心设计的社会改革运动，其目的是改变教育的环境，以便让那些来自不同的地区、民族、阶层与性别的学生在学校获得平等受教育的权利。

英国多元文化教育研究专家林奇认为，多元文化教育是指在多地区的社会中，为满足各地区群体或个体在文化、意识、自我评价等方面的需要而进行的一场教育改革运动，其目的是帮助所有不同文化的地区群体学会如何在多元文化社会中积极和谐地生活，保持群体间教育成就的均衡，以及在考虑各地区差异的基础上促进相互尊重和宽容。

美国的高尼克（Gollnick）综合众多学者的观点后提出，多元文化教育要促进文化多样性的特性与价值，促进人权观念和尊重个体之间的社会公平与机会均等，让每个人都有不同生活选择的机会，促进全人类的社会公平与机会均等，促进不同族群间权利分配的均等。

尽管众多学者对多元文化教育的理解不尽一致，但他们仍然在某些方面取得了一致意见。例如，多元文化课程要体现平等、公正的教育原则；多元文化课程应使全体学生在族群平等与差异中实现自我认同，并实现对他人的认同；多元文化课程应该容纳区域文化和区域间文化的理解与和谐；多元文化课程应当包含对全人类文化的了解与批判等。

事实上，自20世纪90年代以来，学者们对于多元文化教育的理解也渐趋一致。可以这样认为，多元文化教育就是以尊重不同文化为出发点，在各集团平等的基础上，为促进不同文化集团之间的相互理解与交流，而有目的、有计划地实施一种共同平等的文化教育。具体来说，多元文化教育必须帮助学生获得在国家主流文化中生存所需要的认识、技能和态度，同时也要有助于培养学生在本地区亚文化和其他少数地区亚文化中生存所需要的能力。

（三）多元文化教育在学校教育中的价值

多元文化教育是当今世界教育的热点问题之一，既是一股强劲的理论思潮，也是一场深刻的实践变革。多元文化教育是基于文化平等与社会民主的文化多元主义理念，它的基本价值表现为：对世界团体的责任，接受和欣赏文化差异，爱护地球，尊重人的尊严和人的权利。

多元文化教育在学校教育中的价值主要表现为以下几个方面。

（1）多元文化教育使所有学生的兴趣都得到照顾，并培养学生进入文化多样化的世界，以适应实际生活需要。

（2）多元文化教育使部分学生群体在多元文化教育的影响下产生变化。

（3）多元文化教育帮助教师明确不同地区的学生学习成绩存在巨大差异的主要原因是学习风格不同，使教师更好地研究个体的学习风格，从而对调整学校教学更有参考价值。

（4）多元文化教育帮助学生清楚地理解多样性，并在这个逻辑起点上，促进学生直接获得理解多元文化的能力。

（5）多元文化教育能培养学生基本的认知能力、批判反省能力、想象力、独立判断能力等；促进学生道德品质的提高，如追求真理、民主、人性化及对全人类的关怀；培养学生的社会技能，提高其在不同文化中的适应能力，促进个人的自我发展。

（6）多元文化教育能使来自不同文化背景的学生意识到，仅仅依靠自己的经验和感受会遇到各种阻力与危险，对大量有关多元文化教育的思想和观点虚怀若谷、耐心倾听，才是获得正确观念应有的态度和方法。

第二节　英语教学概述

一、英语教学的培养目标和原则

（一）英语教学的培养目标

1.明确文化定位

在英语教学中，明确文化定位是一项至关重要的内容，其中包括母语文化的定位与目的语文化的定位两个方面。

（1）明确母语文化的定位

中华文化是世界文化的重要组成部分，是中华民族全体人民的智慧与结晶。因此，在英语教学中，应当将中国文化摆在至关重要的位置。假如一个英语专业的毕业生，在跨文化交际中对中国文化知之甚少，就很难保证跨文化交际活动的正常开展。所以，要想成功地进行跨文化交际，熟悉母语文化是决定性因素之一。就目前来看，英语教学中对于中国文化的学习并未给予足够的重视，这导致大多数学生对中国文化理解不够深入。基于这一状况，英语教师应当将中国文化的学习重视起来，通过文化对比、中国文化英译等方式指导学生学习中国文化，使学生对母语文化有一个明确的定位。

（2）明确目的语文化的定位

当今时代，英语作为世界通用的语言之一，已经受到越来越多的重视。随着国家交往的日益频繁，英语在跨文化交际中的作用也越来越突出。因此，英语教学应当紧跟时代发展的潮流，立足于英语交流的实际需求，不断对教学内容做出变革，以满足跨文化交际的需要。在现如今的英语教学中，语言教学固然重要，然而对英语国家文化的教学亦是不可忽视的。在英语教学中应当将文化教学摆在重要的位置，对学生的文化身份意识进行培养，使学生对自身的文化属性形成明确的定位。

学生只有对英语国家的文化有比较系统的了解，才能对母语国家文化形成更深刻的认识。因此，从这方面来说，英语教学对于文化的传承也具有非常重要的意义。学生在英语学习中，既要加强对本国文化的了解与认识，也要对目的语国家的文化有系统的把握，这样才能够不断提升英语水平，为以后的跨文化交际奠定良好的基础。

2. 培养学生能力

从根本上来说，文化的学习，最终就是为了更好地进行语言的学习。因此，在英语教学过程中，对学生的语言能力进行培养是至关重要的。英语教学最终要使学生具备三个层次的能力：一是使用英语表述母语文化的能力，二是深刻理解英语文化的深层内核的能力，三是成为跨文化交际的具体参与者。

（1）使用英语表述母语文化的能力

在英语教学中，对学生能力培养的第一个层次就是培养学生使用英语进行母语文化表述的能力。中国文化要想在国际上得到广泛传播，最根本的还是要依赖于文化的发言数量与质量的提升，学生只有具备了良好的用英语表述母语文化的能力，才能够将母语文化的深刻内涵阐述出来，增强母语文化的宣传性与传播性，使母语文化传播到世界各个角落。这对于中国文化软实力的提升具有非常重要的意义。

（2）深刻理解英语文化的深层内核

在英语教学中，对学生能力培养的第二个层次就是要使学生具备深刻理解英语文化深层内核的能力。学生只有具备了良好的目的语文化理解能力，才能够从更深的层面上把握目的语文化的内涵，从而在跨文化交际中最大限度地避免失误，使跨文化交际获得成功。

（3）成为跨文化交际的具体参与者

在英语教学中，对学生能力培养的第三个层次就是要使学生成为跨文化交际活动的具体参与者。只有成为参与者，学生才能够更加客观地对目的语文化与母语文化进行审视，并且在交际中保持良好的自尊心与自信心，展现自己的风采。对学生来说，良好的文化心态能够使他们秉持一种理性、客观的态度去实施文化，这样一来，他们既能够对目的语文化中的优秀成分加以吸收，也能够辩证地对母语文化加以继承，这为学生日后的跨文化交际奠定了坚实的基础。

（二）英语教学遵循的原则

英语教学活动的开展，应当遵循一定的原则，这些原则是依据英语学科自身的特点及教学规律而形成的指导英语教学工作的基本原则，对英语教学中的各项活动起着指导和制约作用，对提高英语教学质量和教学效率起着保障作用。古今中外的学者提出了很多英语教学原则，但真正保留下来的只是少数，这些保留下来的原则被称为常识性原则。由于教学活动和教学模式不是一成不变的，因而与之相适应的教学原则也处在不断变化和发展之中。英语教学的常识性教学原则主要有：

1. 兴趣教学原则

兴趣是最好的英语教师，是英语学习的催化剂，兴趣就像一把钥匙，能帮学生打开英语知识之门。兴趣具有积极和肯定的情绪特征，是推动学生学习英语的原动力，对学生学好英语起着举足轻重的作用。学生一旦对英语产生兴趣就会主动去听英语、说英语、读英语和写英语，去寻找一切可能的时间和地点练英语，在不知不觉中就学会了英语。因此，教师要以提高学生学习英语的兴趣为出发点，融洽师生关系，创建趣味教学环境，认真备好每节课，选择有趣的教学内容和授课形式，充分利用一切可能的有趣教具等，努力去满足、发现、挖掘和培养学生学习英语的兴趣和好奇心，让学生在实践中产生兴趣和发展兴趣，从而体验英语学习带来的快乐。教师要鼓励和引导学生将兴趣与自己的人生长远目标相结合，这样学生学习英语的欲望会更强烈。而且，兴趣是可以相互感染的，因此教师还要组织学生成立各种与英语学习有关的兴趣小组，促进学生共同进步。

2. 量的教学原则

任何事物的变化都是从量变开始的，量变积累到一定程度必然引起质变，量变是质变的前提和必要准备，英语学习也不例外，没有足够的英语输入也就没有足够的英语输出。为此，教师在平时的工作中要加大对学生的知识技能输入，强调"泛"字，突出"量"字，以获取信息而非语言为主、大容量、多信息、高密度、快节奏、点面结合和难易相间的指导方针对学生进行量的训练，英语的语感会水到渠成，质的飞跃会自然而来。比如，让学生大量地听各种磁带、英语广播以及看光盘、英文电视和电影等练习听力。

3. 模仿的教学原则

正如我们所知，儿童语言能力的获得往往是从最初的模仿开始的，同样的，学生英语语言的习得也离不开模仿。模仿是一种非常有效的学习英语的方式，在英语学习中，学生对英语语言的模仿越地道，就越有利于他们自身英语语言能力的提升，他们也就越能够更好地运用英语表达自己的观点。因此，教师在授课中要提供给学生大量标准英语语言材料，让学生通过对语音、词汇、句型结构等有效模仿，将新旧知识融会贯通，找出其语言规律，最终在新的情境中自由创造性地运用。教师在课堂教学中的模仿练习包括机械性模仿、意义性模仿和创造性模仿，三者紧密联系，由低层次向高层次依次递进。

4. 直观性教学原则

英语直观性教学原则是指教师在英语教学中通过实物或语言描述，引导学生形成所学内容的清晰表象，从而发展学生的英语能力。俗话说，百闻不如一见。直观教学形象鲜明、生动且有趣，学生容易接受，所学知识不容易忘记，特别对于低年级学生更要以具体形象为主，倡导直观教学。在运用直观教学时，直观教具选择要符合学生的年龄特征和认识水平，直观教学手段要与教师的适当讲解相配合，要考虑合理使用教具的数量、时间和地点，防止直观教学的不当与滥用，要重视语言运用的直观性。教学中教师应因地制宜尽可能地利用直观手段创设情景，可以利用教室中的人、简笔画、实物、图片等直观教具以及动作、手势和表情等肢体语言进行有效情景教学，或利用多媒体等辅助教学设施呈现教学情景等。

5. 交际性教学原则

英语是一种交际工具，学生学习英语的最终目的就是将其应用于社会交际之中。因此，英语教学还应当遵循交际性原则。所谓交际性原则，就是英语教师在教学过程中要把英语当成一种交际工具教给学生，学生也要把英语作为一种交际工具来学习。无论是在课堂上还是在课堂之外，教师和学生都要把英语当成一种交际工具来使用。交际性教学原则在教学中体现在教学材料语境化、教学过程交际化、以学生为中心的课堂教学模式和轻松自由的课堂气氛中。社会需要什么，教师就去教什么，社会怎么用英语，教师就怎么去教英语，从最基本的阶段迈入实际交际阶段。教师在授课时尽量把日常生活中的交际形式搬上讲台实行情景教学，如在阅读课中渗透听说练习，培养学生的交际能力；大量开展英语课外活动，为学生创造交际条件；充实学生的西方社会文化知识，增强语言得体性意识等。

6. 以学生为中心的教学原则

以学生为中心的教学原则是指教师在英语教学中要符合学生的认知规律，体现学生在学习活动中的主体作用，从学生角度出发思考问题，充分考虑学生的生理和心理特点、兴趣和需要。教师的教学活动要以学生获得英语能力为主线来进行，教材分析、教师备课、教学活动设计和教学评价等各个方面都要紧紧围绕学生实际去设计和展开。

7. 多样性教学原则

英语学科教学的特点之一就是多样性。多样性教学有利于唤起学生学习英语的兴趣，提高效率，能够有效提高学生的英语能力。教师要根据实际情况，全方位地对学生进行多样性教育。多样性主要包括：

教学方法多样性：开放式、开发式、参与式、交流式、借助式、迁移式和启发式等。

组织形式多样性：全班式、分组式、示范讲解法、变换角色法等。

授课内容多样性：随教学进度变换不同内容，以专项为主，穿插不同类别的内容。

教学手段多样化：采用幻灯、投影仪、简笔画、实物、图片、录音、录像，配上教师肢体语言等。

课堂环节多样性：组织教学、复习检查、讲解新课。

评价方式多样性：设立英语学习进步奖、超越奖、克服困难奖、完成作业优秀奖、听说读写单项奖等，学生进行自评、互评和集体投票等。

8. 合作学习教学原则

合作学习教学原则是指教师为帮助学生完成英语教学任务而组织学生进行互助性学习的教学指导方针。合作学习教学原则能指导教师更好地培养学生的平等合作意识、培养创新精神和用英语进行交际的能力，激励学生主动学习英语。教师在课上要让学生在合作中动脑、动口和动手，发挥每一个学生的优势，相互引导和促进，以团体成绩为评价标准，共同完成教学任务。教师执行这条原则的主要方式有：同桌合作准备课前发言、小组合作预习新课、合作表演对话、合作讨论问题式学生合作归纳知识、合作完成作业、合作订正错误、合作学习单词、合作完成作业以及先进生和后进生成立帮扶对子等。

9. 系统性教学原则

英语的教学活动应当持续、连贯和系统地进行。英语教学必须依照英语课程体系和学生身心发展规律来进行。教师要贯彻好这一教学原则，不断了解英语学科教学的最新发展，使教学活动的顺序更加科学合理，以教学大纲为主线，由近及远、由浅入深、由简到繁，并且要根据教学的实际需求对教学的速度进行调整、对教学的内容进行增加和删减。

二、英语教学的特点分析

英语教学作为一门语言学科教学，具有其自身的特殊性，主要表现在教学目的的全面综合性、教学方法的多样性以及教学过程的互动性三个方面。

（一）教学目的的全面综合性

在英语教学中，中学英语的教学主要是为了打好基础。此阶段学生所面临的考试压力和升学压力比较大，教学中重点强调对学生的"双基培养"，一是培养学生基础的语言知识，包括词汇、语音、语法；二是培养学生基本的技能，如听、说、读、写。大学的英语教学则与中学有很大的不同，其关注的重点是在中学英语的基础之上，对学生的英语综合能力进行提升，使学生能够在交际中更好地运用英语，也就是重视学生英语听说能力的培养。与此同时，大学英语教学还强调学生自主学习能力的培养，旨在使学生获得运用英语进行交际的能力，从而不断促进学生综合素质的提升。

（二）教学方法的多样性

在英语教学的不同阶段，教学目的是有明显差异的，这也就必然导致不同阶段的教学方法各不相同。在中学英语教学中，由于面临各种考试和升学压力，教学目的就是使学生更好地应对考试。而且，这一阶段的英语教学通常以升学率作为衡量教学质量的唯一标准。为了促进升学率的提升，教师在课堂上往往采取"满堂灌"的填鸭式教学模式，将大量的词汇与语法知识传授给学生，而学生只能被动地接受这些知识。但是大学的英语教学则大不相同，它实现了对中学英语教学传统模式的突破，重视学生语言能力的培养，既关注学生的英语听说能力，也关注学生读、写、译的能力。最重要的是，这一阶段，英语教学方法更加多样化，教师与学生之间的关系也发生了很大的变化，学生真正成为课堂的主体和学习的主人，而教师所发挥的则主要是引导作用，这对于学生英语语言能力的培养具有重要的意义。

（三）教学过程的互动性

在中学阶段的英语教学中，课堂教学的大多数时间都是教师在讲解，真正留给学生的时间非常少，学生很少有自学的机会。但是，在大学阶段的英语教学中，英语教师不再过多地对学生进行知识灌输，而是扮演着学生学习的指导者、激发者与促进者的角色。课堂上，教师往往会设置形式多样的活动，激发学生的兴趣和参与活动的积极性，这样一来，教学互动性增加，学生也更乐于自学。此外，中学英语教学与大学英语教学的不同还体现在，中学英语更多地关注词汇的扩充与语法的讲解，最终为考试服务；而大学英语更加强调语篇的教学，具体来说，就是具体的文章语境中，对重点的依据、人物形象、文章主题、事件细节等内容进行分析和总结。语篇教学中，教师常常采用多种教学方法，设置具体的情境，使教学过程更具有互动性，这对于提升学生的语言综合能力是大有助益的，通过语篇教学，学生也能够更快地获得以英语作为交际工具的能力。

三、英语教学的策略分析

俗话说，兴趣是最好的老师。因此，在英语教学过程中，教师只有最大限度地激发学生的学习兴趣，才能使教学质量得到提升。但是，传统英语教学中"满堂灌"的教学形式，使英语教学变得枯燥与乏味，很难激发学生的学习兴趣，英语教学质量也无法得到有效的提升。因此，传统的英语教学模式必须进行彻底改革。为了增加课堂的趣味性，激发学生的学习兴趣和参与课堂活动的积极性，英语教师可以采取以下策略开展教学。

（一）以让学生讲课的形式，使学生充分融入课堂

教师可以一改往日的教师讲、学生听的单一形式，使学生成为英语知识的讲授者，鼓励学生积极融入课堂。这样不仅发挥了学生的主体作用，有助

于最大限度地激发学生的积极性,而且有助于建立一种民主、和谐、平等的师生关系。在具体的实施过程中,教师应当在学期开始时,就将学生划分为人数比较相近的小组,并将具体的授课任务下发给学生。以上海外语教育出版社的《新目标综合教程》为例,这一教材总共有8个单元,教师就可以将学生划分为8个小组,让每个小组对每一单元中 TEXT A 的内容进行备课。需要注意的是,在每一单元的内容开讲数日之前,教师应当提醒学生,切勿忘记备课。在讲课的时候,学生将备课的内容通过PPT等形式呈现在全体同学面前并根据备课内容进行讲解。在学生讲解之后,教师可以选择其中的一些重难点进行讲解,还可以对学生的讲解做出一些点评。这样一来,学生的参与性被极大地调动起来,课堂气氛也会变得非常活跃。而且,学生在准备的过程中,通过自学、相互交流探讨等形式,不断丰富备课内容,也极大地锻炼了自己的学习能力。这种教学形式,充分发挥了教师的引导作用与学生的主体作用,极大地增强了师生之间的互动,是一种行之有效的教学策略。

(二)组织演讲或辩论

在英语教学中,定期或不定期地组织学生开展英语演讲或辩论,也是一种行之有效的英语教学策略。教师将演讲或辩论的主题提前布置给学生,让学生在课下围绕主题广泛地搜集相关资料,不断充实主题内容,从而为课上的演讲与辩论做好充分的准备。这种教学方式同传统的灌输式教学有着本质的区别,学生获得了更多自主学习的机会,也更加乐于参与教学活动,有助于教学质量的大幅度提升。需要注意的是,教师在布置演讲或辩论主题时一定要给学生留出足够的时间,以便学生自己准备或者与他们合作准备相关资料。临时布置主题则是不可取的,主要是因为:其一,虽然学生已经具备了一定的英语基础,但是在知识储备上还存在很大的不足,短时间内他们根本不可能准备出质量较高的演讲内容;其二,英语课堂教学的时间非常有限,如果完全用于学生准备演讲稿,则是极大的资源浪费。如果布置的是演讲的任务,学生就可以分小组进行资料准备,大家共同参与演讲稿的写作,最终推选一名代表在课堂上进行演讲。教师可以根据每个组的表现做出客观的评价。如果是辩论的任务,学生划分小组后,首先决定自己小组的立场,然后依然可以采取小组合作的形式准备材料,在课堂上,小组与小组之间进行辩论。在辩论比赛结束之后,对于获胜一方,教师应当多加表扬,而对于失败一方，教师也要积极鼓励，强调参与是第一位的。组织演讲或辩论不仅使学生在小组合作过程中学会了尊重他人、合作解决问题，而且极大地激发了学生的学习欲望和参与度，使学生的主体地位得到了大幅度的提升，这对于学生综合能力的提升具有非常重要的现实意义。

（三）组织背单词游戏

在英语学习中，单词的储备对学生来说是至关重要的，只有拥有了足够的单词量，学生的英语语言水平才有提高的可能性。其实，英语学习就像盖房子一样，单词的作用就是其中的一砖一瓦，其作用是基础性的，却又是不容忽视的。对学生而言，单词的记忆是比较枯燥的，而他们往往乐于参与各种学习活动，因此，教师可以通过组织活动的方式使学生加强对单词的记忆。在课堂教学中，教师可以组织一些背单词游戏，使学生在游戏过程中实现对单词的理解和记忆，这样就使学生从枯燥的单词记忆方式中解脱出来，极大地调动了学生的英语学习兴趣。在组织游戏时，教师可以将学生分为几个小组，以小组的形式开展游戏，首先由教师说出中文意思，学生则说出对应的单词，回答最快且正确的小组就可以获得加分。至于游戏的时间，教师可根据学生回答的情况进行合理的安排。在游戏结束之后，教师根据得分情况确定输赢，并对学生加以鼓励。游戏所具备的趣味性不仅有效地调动了学生的积极性，而且极大地活跃了课堂氛围，使学生在轻松愉快的情境中就能掌握大量的单词，可见，这是一种可行的教学策略。

（四）穿插文化背景知识

在英语教学中，向学生传授语言知识和技能固然重要，但是教师亦不能忽视目的语文化背景知识的讲解；否则，学生只是死板地掌握了语言，根本无法运用到实际的交流之中。尤其是在当今世界经济一体化和文化多元化的背景之下，文化交流越来越频繁，文化背景知识就成为英语学习者必须掌握的内容之一。

在英语教学中，针对文章中出现的一些有关于西方传统文化和风俗习惯的词汇，教师可以在讲解其基本意义的基础上进行适当的扩展，向学生介绍相关的习俗起源以及关于习俗的故事，这样一来，教学内容就变得非常生动有趣，可以增强学生的注意力，使学生在掌握该词汇的基础上，增加相关的文化知识储备。例如，在新目标大学英语教程第一册 UNIT 2 的课文中出现了一个关于西方节日的词汇——Thanksgiving Day(感恩节)，教师就可以将这一节日的起源、故事、习俗、文化背景等相关知识介绍给学生。这样一来，学生便能够更全面地了解西方的节日文化。这种对文化背景知识的讲述，具有比较强的故事性，不仅使教学变得更加生动，而且有助于激发学生的学习兴趣，是一种非常好的教学策略。

第三节 多元文化教育与英语教学的关系

一、多元文化教育的基本内涵

多元文化教育这一概念的出现受到了国际政治经济发展环境的影响。随着科学技术的飞速发展，知识经济日益繁荣，国际社会呈现一体化发展趋势，在此背景下，在学校教育中树立全球意识就显得尤为重要。当今时代，各种全球性问题频繁出现，如全球气候变暖、资源浪费、战争频发等问题，对人类的生存与发展造成了困扰。既然是全球性的问题，仅仅依靠一个国家的力量来解决，是远远不够的。所以，在全球范围内积极寻求合作是解决这些问题的唯一途径。而国家间合作就必然要涉及文化方面的沟通与交流，所以，具备理解各国不同文化的能力是一项必备的素质。在当今时代的学校教育中，倡导多元文化教育，实施多元文化课程实际上是为跨文化交流提供了一种更为有效的方式。与此同时，随着教育民主化等口号的提出，多元文化教育的重要意义日益凸显。

多元文化教育这一概念自提出之日起，就吸引了众多研究者的研究。目前，许多学者都从不同角度对多元文化教育进行了研究，因此其定义也是多种多样，虽然研究的角度各不相同，但是从中我们也能归纳出一系列的共同点。综合来说，这些共同点主要是：多样文化教育应当是所有的学生对社会中的各种文化（包括自身文化以及各民族共享的国家主流文化）有足够的认识和理解，不论这些学生在种族、宗教、社会等级等方面存在何种差异；多元文化教育还应当使学生具备在国家主流文化中获得生存的能力以及在本民族及其他民族的亚文化中获得生存的能力；多元文化教育要使学生在接受教育之后，对社会中的不公平现象及其原因有所了解，并且使他们对不同文化的适应能力获得有效的提升。总而言之，多元文化教育就是要在尊重不同文化以及各集团地位平等的基础上，以推动不同文化集团之间的相互理解作为最终目标而开展的有计划、有目的的"异文化教育"。

对于多元文化课程的研究，众多学者的观点中也存在一些一致性，主要表现在以下几个方面：其一，多元文化课程应当遵循平等与公正的教育原则；其二，多元文化不仅要强调区域内文化的和谐，还应当重视区域间文化的沟通与理解；其三，多元文化课程所涉及的内容不应当仅仅限于某一区域，而是要涵盖全体人类文化的了解与批判；其四，多元文化课程的开设应当使学生在尊重种族差异与种族平等的基础上，实现对自身以及他人的认同；其五，多元文化课程在实践过程中应当做到权力的下放，重视课程的统一整合，并且进行及时有效的自我批判。从以上论述中可以发现，前四个方面主要是从多元文化课程的层面而言的，最后一个方面则涉及该课程的实践层面。综合以上论述，可以发现，多元文化教育课程开展的最终目标就是要让所有的学生在接受多元文化教育之后，能够在知识、情感与技能方面得到发展，自身的潜能得到最大限度的发挥，并且能够在尊重不同种族文化的基础上实现对它们的认同，进而做到尊重人权，促进机会均等和社会正义的最终实现。

二、多元文化教育与英语教学之间具体关系分析

（一）多元文化教育是英语教学的理念之一

纵观以往的英语教育大纲，我们可以发现，大纲中指出，学习英语的目的是促进学生文化素养的提升。自改革开放到现在40多年的时间里，我国曾制定了三个英语教学纲要。其中，1999年的《大纲》中明确提出，英语教学是为了培养学生的阅读能力，促进学生文化素质的提升，以便于学生更好地适应社会的发展，满足国家经济建设的现实需求。2004年教育部高等教育司为了更好地满足国家与社会在新型人才方面的需求而颁布了《英语课程教学要求》（以下简称《要求》），其中明确提出，英语教学的目标是对学生的英语综合应用能力进行培养，促进学生文化素养的提升，从而使学生跟上社会发展脚步，并满足国际交流的需要；这一《要求》中还指出，英语教学

除了作为一门基础语言课程之外，还是一门教育课程，它对于学生拓展知识、认识世界文化具有非常重要的现实意义，是一门人文性与工具性兼备的学科，所以，英语教学设计中应当对学生文化素质的培养和国际文化知识的传授给予足够的重视。从国家所颁布的一系列文件中可以发现，多元文化教育实际上早已经内隐于英语学科的教学之中了，而且已经成为英语教学的重要理念之一。在英语教学中体现多元文化教育的理念，不仅能够充分发挥英语学科所具备的文化内涵优势，而且充分体现了英语学科以文化育人的独特性质。

（二）英语教学是实施多元文化教育理念的重要途径之一

语言在承载文化的同时，也是作为文化的一个重要组成部分而存在的。英语作为一个重要的语言学科，亦承载了英语国家丰富的文化内涵，包括历史发展、艺术文化、风俗习惯、价值观念、风土人情等诸多方面的内容。在英语教学中实施多元文化教育的理念，就是要让学生通过对英语国家文化的学习，了解不同国家不同文化之间的差异，以对各种文化产生认同和理解，从而更好地服务于英语语言的学习。就当前来看，英语教学实际上已经成为多元文化教育的有效途径。

第四节　多元文化对英语教学的影响及意义

一、多元文化对英语教学的影响

（一）多元文化能够激发学生对文化差异的学习兴趣

对学生来说，兴趣是学好一门课程的必备因素之一。只有真正对一门课程产生兴趣，学生才会积极主动地参与学习活动，取得良好的学习效果。同样的，学生对英语学科的学习也是如此。在英语教学中，教师应当重视跨文化知识的传授，使学生在文化对比中感受到英语学习的乐趣，从而提升学生的英语学习兴趣。实际上，要做到这点并非易事。因此，教师必须重视英语教学方法的改革，教学内容的不断丰富，在教学过程中多加穿插趣味性知识，才能使学生真正对英语学科感兴趣，从而激发学生的主观能动性，并使其积极主动地参与到学习中来。具体来说，英语教师可以采用教学方法与教学内容对比的形式来激发学生学习文化差异的兴趣。介绍文化背景，比较文化差异，最好的方法是透过语言看文化，通过所学的语言材料了解其中所含的民族文化语义。通过这种方法，教师可以把枯燥无味的词语解释、语法讲解等变得形象生动，使学生在活跃的气氛中不仅学到了英语语言知识，还领悟了英语民族文化，更重要的是能引起学生对文化差异的学习兴趣。教师是教学的主导者，而学生是教学的主体，在教学中处于中心地位，教师传授的知识最终要由学生加以理解、吸收，而学生跨文化交际的能力主要靠实践来培养。在课堂教学中，英语教师要依据教学内容和学生的实际学习情况，灵活地运用教学方法和教学手段，使学生在学习中形成良好的态度，从而充满兴趣地学习英语知识。此外，英语教师除了要重视学生英语学习兴趣的培养之外，还应当重视学习技巧的传授，帮助学生掌握正确的学习方法。众所周知，学习好的学生从来都不是仅靠死记硬背，而是拥有一套适合自己的学习方法的。因此，教师在教学时要根据学生的特点和学习水平进行针对性指导，使学生找到适合自己的学习方法。英语不仅是一门语言，更是一种工具，英语的学习并非一朝一夕之功，而是需要长期的积累，尤其是英语中文化信息的学习，更是需要天长日久的积累，学生只有在长期的学习过程中不断积累英语知识，训练英语技能，才能真正将所学的知识应用于实践之中，从而不断提升自身的跨文化交际水平。英语教师在教学时应当将英语语言知识的讲授与文化背景知识的介绍摆在同等重要的位置，并结合中西文化差异的比较开展英语教学，使学生在掌握语言的同时，了解具体的文化背景，这对于学生文化差异敏感性的培养及英语综合能力的提升是至关重要的。

（二）多元文化能够培养学生的跨文化意识

要提升跨文化交际水平，跨文化意识的培养是必不可少的，因此，教师在英语教学中应当对学生跨文化意识的培养给予充分的重视。在教学过程中，教师要借助各种先进的现代教育技术，在讲授英语知识的同时，将英语国家的文化背景知识介绍给学生，并鼓励学生课下积极了解英语国家的文化，从而使学生对英语国家的本土文化信息形成更加系统的认识。通常来说，跨文化敏感性的获得可以通过两种途径来实现：第一种是比较直接的途径，就是在英语国家的文化中生活与体验，从而获得本土的文化信息，培养对英语国家文化的敏感性。这种方式是直接且非常有效的，但是对处于中国文化环境中的中国学生来说并不可行。所以，这种途径并不现实。实际上，为英语教师较多采用的是第二种途径，也就是间接途径，即通过跨文化意识的培养来增强学生的跨文化敏感性。可供教师采用的间接方法非常多，如课堂教学、课外活动、收听英语广播、观看视频等。由于课堂时间非常有限，因此仅仅依靠课堂教学来培养学生的跨文化意识是远远不够的。除此之外，教师还应当对课外学习活动给予足够的重视，积极组织各种课外学习活动，并将一些英语文化背景知识融入其中，鼓励并指导学生积极参与，使学生从中获得对英语文化的认同。与此同时，收听英语广播与观看英语视频也是培养学生跨文化意识的有效方法。英语广播与视频的语言非常地道，且通常带有非常浓厚的英语国家文化气息，可以有效地促进学生对文化差异的理解，培养学生的文化差异敏感性。对中国的英语学习者来说，由于长期处于母语环境之中，缺乏必要的英语语言环境，因此很容易导致语言知识与实际应用的脱节，但是通过收听英语广播与观看英语视频，学生就能够了解到英语知识的具体应用语境，从而让他们对外国文化更容易理解，印象也更为深刻。

（三）多元文化能够增强学生的跨文化感悟力

在英语教学中融入文化差异的比较，有助于学生在掌握语言知识的基础上，对语言背后的文化内涵形成深刻的理解，进而增强自身的文化感悟力。因此，英语教师应当在教学中更多地介绍英语国家的文化背景知识，使学生对英语国家的文化形成系统的认识，并且在与中国文化的比较中，体会两种语言及其所承载的文化差异，进而获得将英语知识应用于实际交流的能力，从而不断提升跨文化交际水平。学生跨文化感悟能力的培养需要教师给予积极的引导。在课堂上，教师可以结合教材中的知识点，将英语国家的历史文化、风俗习惯、价值观念、行为规范等文化内容介绍给学生，使学生更多地了解英语国家的文化，增强对英语国家文化的认同。除此之外，教师还可以采用组织课外活动的形式增强学生的文化感悟能力。课外活动的形式多种多样，如收听英语广播、观看英语视频、阅读英语报刊、参加英语课外实践活动等都是非常不错的选择。通过这些课外活动，学生能够更广泛地接触到英语国家的本土文化信息，并同中国文化进行比较，从而获得对不同文化的认知与理解，进而提升跨文化意识，增强跨文化感悟能力。

总而言之，在英语教学中，教师只有将课程中的文化内涵充分地挖掘出来，使学生更多地了解英语国家的文化背景知识，才能使学生对中西文化之间的差异有更好的理解，进而增强自身的文化感悟能力，不断提升跨文化交际水平。对学生来说，跨文化意识的培养是英语学习中不可或缺的内容之一，只有具备了跨文化意识，学生才能够更好地了解英语国家文化与中国文化之间的差异，并且在具体的交际场景中使用恰当的交际语言、做出恰当的交际行为。而跨文化意识的缺失很容易导致交际过程中不恰当的语言和行为的出现，进而影响跨文化交际活动的正常开展。值得指出的是，在跨文化交际活动中，如果语言方面出现失误，还比较容易得到对方的谅解，但是由于文化差异所造成的失误往往严重得多，也很难被对方所谅解。英语教师向学生传授英语国家的文化背景知识能够有效地培养学生的跨文化意识，使学生在跨文化交际活动中自觉地对自己的语言与行为进行调整，从而保障跨文化交际活动的正常开展。

二、多元文化对英语教学的意义

随着多元文化在英语教学中的融入，英语教学获得了一些崭新的发展思路和契机。

首先，多元文化与英语教学的有机结合，有助于促进学生文化素养的提升。在经济全球化与世界文化多元化背景下，文化发展呈现了一种本土文化与外国文化融合发展的趋势，多种文化共生共存。在英语课堂上，将不同国家的文化介绍给学生，不仅可以使学生更多地接触和了解外国文化，而且可以使学生在不同文化的对比中增强自身的文化感悟力，进而实现文化素养的提升。

其次，在多元文化背景下，教师在英语课堂上向学生介绍各种不同的文化，使学生紧跟时代发展的潮流，形成具有时代性的性格特点。众所周知，每一个国家的文化之所以各不相同，与其自身的地理环境、风俗习惯、生活方式等方面都是分不开的。但是在多种文化共生共存之后，一种崭新的文化之美便呈现在学生面前。生活在此背景下的新时代的学生，可以在共生共存的文化中更好地理解文化之间的差异，进而追求自己喜爱的文化形式，从而在整个社会群体中体现出自身的独特性。

最后，多元文化在英语教学中的融入，使学生的人生观与多元文化形成一种互惠的关系。各种不同文化的共融，能够对学生的人生观产生非常重要的影响。众所周知，人生观是一个比较抽象的概念，其形成是潜移默化的，但是个体的人生观往往又会对社会文化产生一定的影响，进而对社会多元文化的发展产生影响。由此可见，学生的人生观与多元文化之间是一种互动的、互惠的关系。

第二章 多元文化背景下的英语教学理念

随着经济全球化和文化全球化的发展，英语在对外交流中的重要作用日益凸显，高校英语教学的改革可谓势在必行。本章重点介绍了多元文化背景下的教学方法及教学模式，具体分析了多元文化背景下的反思性教学、多元文化观下的任务型教学、英语多元互动教学以及"翻转课堂"模式下学生多元识读能力的培养。

第一节 多元文化背景下的反思性教学

一、反思性教学概述

（一）反思性教学的定义

教学主体从教学实践中对自己的教学行为进行不断的探究，从而将教学和学习的关系平衡起来，从而提升教师的教学水平。在这个过程中，教师不断对自己的教学进行反思，从提问、思考、分析等一系列程序之后，为自己的教学找到更加合适的道路。

反思性教学是对教学中存在的问题而产生的，主要针对的是教学中的技术性问题。由于如今是多元文化的发展，如果在教学中仍然只使用技术性的教学方法，对提升教学效果、解决教学问题十分不利。因此，教师在教学中应该时刻反思自己在教学中存在的技术性问题，找到更好的解决办法。教师教学中存在的技术性问题主要是：使用被人设计好的教学方案和教学目标，仅仅是将所教授的科目套入进去，没有根据具体的教学实际情况进行教学设计，这是如今教学中需要解决的主要问题。但是，反思性的教师在教学中，会通过分析学生的实际学习情况，对教学进行合理的设计，并且将教学的计划完成。针对不同文化背景的外语教学，教师会从多元文化的角度出发，找到合适的教学策略，使学生在不同的文化中学到更多的知识。

反思性的教学理念正好弥补了自上而下的教学弊端。长期以来，在教学中教师只能被动地接受来自专家的教学方案，在教学中缺乏自己的探究和创新，对处于一线的教师来说，这剥夺了他们教学创造的机会。实际上，处于一线的教师更了解教学的复杂性，从教学中发现问题、探究问题、解决问题，一线教师更有发言权。反思性教学就提出了教师不能仅仅接受校外研究人员建议的观点，一线教师有对教学进行提问、解答、评价的能力。

总之，教师是在教学中反思自己的教学实践，可以更主动、及时地将有关问题解决，成为一个反思型的教师。

（二）反思性教学的基本特征

1. 反思性教学立足于教学实践，以解决教学中存在的实际问题为基本点，表现出创造性。

实践对跨文化教师的发展十分重要。很多研究者发现，从教学实践中得到的经验对跨文化教学技能的提升十分关键。教师可以从实践中感受学生对文化的认识和接受度，这从理论知识中是不能得出来的。另外，理论来源于实践，跨文化教师在教学实践中会遇到一些问题，因此，适当的反思也是至关重要的，反思可以形成一些理论，然后指导实践，二者相互作用，对跨文化教师的英语教学十分有利。

教师在教学实践中，可以得出一些结论，这在教学中是十分重要的。教师的及时反思能够纠正在教学中遇到的一些问题，从而使教学回归到主线上，避免出现更大的偏差。反思也是教师获得跨文化能力的重要途径，正是通过反思，教师可以与不同的文化进行对比，从而正确认识文化差异，有利于跨文化教学的进行。

史密斯以反思为框架，对跨文化教学的转化过程进行了分析。第一，内容反思，内容反思比较有针对性，对感知、思考、行动的内容进行反思。第二，过程反思，指的是对教学过程的思维、行为以及效果的思考。第三，前提反思，指的是感知、思维和行动产生的前提条件。这些反思对文化的建构十分重要，教师在跨文化发展过程中，从最开始的文化继承逐渐过渡到文化选择，然后进一步到文化冲突，在解决文化冲突之后，就达到了文化融合的结果。因此，教师经过的这个过程也是从最开始的个性化发展，到最终的集体化发展，但这两者并不是不能共存的。两者既有联系又有区别。二者的联系主要体现在都需要对之前存在的文化进行继承，区别主要体现在二者是对原有的文化进行了选择，跨文化教师对原来的文化改变的程度较大。但是，在构建跨文化教学时，并不是随心所欲来构建的，而是对原来的文化进行鉴别，一些优秀的外国文化仍然需要保留下来，将一些不能满足时代要求的旧文化进行删除，更新成适合时代发展的文化。另外，也不能完全将不符合时代要求的优秀文化进行摒弃，如果完全摒弃就成了"虚无主义"，这是不利于教师的跨文化发展的。因此，在教师的跨文化构建过程中，按照文化发展的规律有序进行，才能保证教师更好地进行跨文化教学。这些都是教师在反思过程中逐渐选择的，然后在教学实践中应用。

2. 反思性教学在探索中改进教学，使实践更合理、有效，并以其作为教学实践的动力。

第一，在教学中，教师对自己的教学进行反思是为了更好地改进教学，从而在教学中使用更新的教学观念和教学方法。因此，有学者认为，教师在反思中可以发现教学中存在的更多问题，从而使教师成为更好的教师。当教师遇到一些教学问题时，在教学中及时反思，可以矫正教学实践，使教学实践在更新的观念中进行下去。第二，教师的反思可以提升教师的教学水平，教师发现、探索、表征问题，对一些隐性问题而言可以更快地被发现。教师在发现新问题之后，对这些新问题进行探索，可以帮助教师成为更具责任心的人。教师的反思过程可以帮助教师不断的成长，使教学过程更加合理。反思的教学过程是一种螺旋上升的教学过程，这使教师不再仅仅凭借经验教学，而是大胆地发现和探索新的教学方式。

3. 反思性教学密切关注"两个学会"，它是一个全面发展、提升教师的过程。

教师在反思性教学中可以帮助教师学会教学和学会学习。学会教学指的是教师在教学中不断反思自己，突破旧的教学理念，寻找更适合学生发展的教学方式。教师在学会教学的过程中，不断得到教学技能和教学理念的提升，最终成为一名发展型教师。学会学习是教师帮助学生成为全面发展的人，教师可以对学生进行指导，学生在学习中可以学习到更多利于成长的知识和经验。教师在反思的过程中，从心理学、教育学等不同的理论出发，全面检查自己的教学实践，不断改正错误，最终成为研究型的教师。

4. 反思性教学以增强教师的"道德感"作为其突破口。

道德感在教师的教学中可以发挥巨大的作用，教师的责任感就是道德感的一种表现。教师在教学中除了对自己的教学责任心进行反思，还要不断反思如何提高和养成教师的责任心。教师在教学中具有高度的责任心可以帮助教师找到一种更好的教学状态，这种教学状态能够使教师在不断追求更高质量的教学效果。有些缺乏道德感的教师在教学中只是完成任务般的教学，将教学效果不放在心上，课堂结束就下课，并且没有对课堂教学的一些行为进行反思和总结，是极不负责任的行为。但是，反思型教师就会在教学中经常反思教学实践中的各个环节，找到不完善或者存在问题的地方，加以解决，从而提高教学质量。

反思是提高教师道德感和责任感的良好途径。只有在反思中发现问题、解决问题，才能不断提升教师的教学能力和水平。

二、英语反思性教学的一般内容

（一）反思性教学背景

教师进行反思性教学首先要了解教学的背景情况，从教学环境、教学文化、教学设计等各个方面对教学进行分析，找到教学走上更好方向的办法。如今，各种新的教学技术和教学手段不断被开发出来，这也可以在一定程度上推动教学的发展。但是，并不是说新的教学技术就一定适合每个教学课堂。因此，要求教师对教学的背景进行反思，从而找到合适的教学模式。对英语教学来说，培养具有跨文化交际能力的人才是当今教学的重要任务，反思性教学就需要寻求不断思考如何提升学生的跨文化交际能力。

（二）反思性教学理念

教师在平常的教学中，需要对教学理念进行反思。教学理念是指导教学实践的基础，只有在正确的教学理念指导下，教学工作才能更加高效。因此，教师只有及时了解最新的教学理念，才能在英语教学中使用最新的教学理念，提高英语教学的质量。

在英语教学中，教师要经常反思教学理念是否合适。首先，从教师教学理念的创新来说。教师在教学过程中，对教学做出指导的是教学理念，新的教学理念反映在教学观、学习观、教师观、学生观等方面，并且教授知识的观念也与传统的教学理念有很大不同，一切围绕学生的需求为中心，从学生的本质学习需要出发，更新教学理念，从而为学生提供更好的教学内容。另外，教师在教学过程中虽然需要使用新的教学理念，但是教师也要形成自己的教学风格，与新的教学理念相结合，更新自己的理念，使教育教学理念符合或者超越当时的新的教学理念。因此，跨文化英语教学，就需要教师改变传统的教学理念，结合英语文化进行教学，教师可以了解英语文化的一些观念，获得关于跨文化的知识。其次，跨文化英语教师的专业化发展还体现在教师角色的转变中。在教学改革如火如荼的今天，教师在教学中体现的更多是参与、建构的作用，不再是一言堂的模式。教师从原来的主导者变成现在的参与者，对教师来说这是很大的角色转变。很多教师与学生的关系逐渐融洽，成为学生的朋友，对学生的学习来说十分重要。因此，教师在与学生相处时，应该积极主动地转变自己的角色，与学生相处得越融洽，越容易取得更好的教学效果。最后，跨文化教师在教学中还应该更新教学方式。在现代教学方式中，很多教师开始使用多媒体教学，教师在教学中利用网络对教学内容进行完善丰富，为学生带来更多新的教学资料。使用新的教学方式，改变传统的教学环境，对教师的教学将大有裨益。

（三）反思性教学角色

传统的教学模式主要是以教师为中心，这种教学理念严重影响了教学质量的提高。新的教学理念要求学生是教学的主体，这在教学中对教师提出了更高的要求，教师需要转变自己的教学观念，在教学中从教学主导者变为教学的参与者、指导者，鼓励学生发挥自己的主动性，积极探究学习，从而使教学活动更加顺利地进行下去。教师在教学中对自己的角色进行反思，可以激发学生产生更大的学习兴趣。

（四）反思性教学技术与过程

反思性教学要求教师在教学中思考是否使用了合理的教学方式和教学手段，这是为了使教学过程能够得到学生的喜欢。教师在教学中使用的教学技术需要适应学生的学习习惯，满足学生的学习要求。例如，在教学中使用多媒体技术，就要思考是否合适。在英语教学中，并不是每个环节都适合使用新的教学技术，这就需要教师不断反思和把握，从而促进英语教学的发展。

三、多元文化背景下的高校英语反思性教学实施策略

（一）教学实践活动前的反思

该反思主要发生在备课阶段，具体包括如下内容：第一，反思教学目标的设计是否合理。一般来说，在反思教学目标时，一般从三个方面进行考虑，分别是从认知的角度反思目标、从情感的角度反思目标、从动作技能的角度反思目标。第二，对教学过程进行反思。在具体的教学过程中，不会完全按照教学设计进行，出现一些预想不到的问题是很正常的。在反思时，需要考虑教学目标与学生是否匹配，教学模式是否合理，并且选择一些更优化的教学方法等。

（二）教学实践活动中的反思

教师在反思中必须关注自身课堂教学调控能力，因为这一阶段的反思强调解决发生在课堂教学现场的问题。（1）对教师教的行为的反思。主要应看教学重点是否突出，问题的设置是否合理，是否具有启发性，多媒体的使用是否必要，然后根据课堂教学的实际情境，做出必要、及时的调整。（2）对学生学的行为的反思。

主要应看学生是否全神贯注、积极投入思考和踊跃讨论，看学生能否自我控制与调节学习情绪，对英语学习是否有持续的信心与兴趣等。

（三）教学实践活动后的反思

教学实践活动结束并不意味着整个教学过程的收尾，教师还要对教学活动进行反思，一方面思考自己的教学观念与行为是否恰当，另一方面分析学生的课堂表现是否合理。（1）自我反思。教师在教学活动的开展过程中起主要的引导作用，教师需要反思自己做出的各种决策有没有切实推动学生学习效率的提高及学习效果的改善，并将这些思考记录下来，时常观看，从而不断调整自己的教学行为。（2）学生方面的反思。教师的教学能力可以从学生

的学习状态中反映出来，学生课后情绪高涨、作业做得得心应手，这就说明教师教得好；反之，教师就要反思自己教学中存在的问题与不足。

第二节　多元文化观下的任务型教学

一、任务型英语教学概述

（一）任务型教学定义

所谓任务型教学（Task-based Language Teaching，TBLT），就是将学习的过程化身为任务完成的过程，教师的教学目的依靠学生任务的完成来实现。任务型教学存在的理论基础是心理语言学与二语习得，通过剖析学习者二语习得的心理动机，推动语言学习本身的进步，这是一种注重"做中学"（learning by doing）的新型语言教学模式。任务型教学中，参与者并非独立完成任务，他们之间可以充分互动，从而在互动中达到任务规定的目标。任务型模式的英语教学的具体操作：学生主要通过完成教师在课前精心设计的语言活动来实现英语的学习，将语言知识内化在心中，并由此提高自身的语言运用能力。学生完成任务的积极性越高，语言能力提高的空间越大。

相比其他传统的语言教学方式，任务型教学法具有一定的创新性，勃雷泊（Prabhu）在大量的教学理论研究与教学实践中总结出了这种用语言完成任务以推动语言学习发展的方式。如今，虽然任务型语言教学已经在很多语言教学课堂中推广开来，但是有关它的研究始终都没有中断，仅对任务教学的具体界定，不同学者就有着不同的观点。

努男（Nunan）认为，任务虽然是由教师设计的，但其主要作用于学生的语言学习，学生完成任务的过程就是对语言进行实践练习和理解的过程。当然，这个过程的主要引导者还是教师，其掌控任务的完成过程，并对其中发生的各种问题加以调节，学生就能顺利地获得语言信息，并内化为自身的语言能力，语言的输出也就顺理成章。另外，努男还总结出了任务型教学的一些特点：（1）目标语言的学习绝不是在个人独立思考中完成的，学习者之间的互动交流非常重要；（2）语言学习的最终目的是学习者可以在真实的语言环境中进行实际应用，学习者的语言学习一定要借助真实的文本材料，而不能使用凭借经验编造出的语言材料；（3）加强学习者对两个方面的关注——语言、语言学习过程本身；（4）学习者语言能力的获得不可能全部源自课堂，其要不断丰富自身的语言使用经验，以此作为语言能力提升的基础；（5）重视课堂语言学习，强化课外语言激活，二者结合，语言习得效果才会更好。

我国的学者、专家也对任务型教学开展了深入系统的研究，并将"任务"确定为该教学法的核心与关键，教师在组织与规划教学活动时，都必须突出任务，不管在分单元的教学设计中，还是在整体的教学设计中，都要遵循这一点。任务型语言教学的实施使学生的听说读写技能得到了一定的提高。需要注意的是，任何教学形式都是为教学内容服务的，任务型教学也是如此。

（二）英语任务型教学的操作与实施

根据我国英语教学的实际情况，任务型教学的操作与实施主要分为以下几个阶段。

1. 导入

导入阶段的主要工作是激发学生语言学习的兴趣，调动学生语言学习的积极性，让学生身心活跃起来，保持轻松愉悦的心态，从而为其下一步沉浸在英语学习情境中做好充分的准备。实际上，导入的作用就是为后续教学活动的开展做铺垫。

2. 任务前

任务前阶段是对任务正式实施的进一步准备，包括教师对任务具体要求的介绍、对实施任务具体步骤的分析，以及学生对任务实施中所涉及的语言知识的提前学习。经过任务前阶段，学生应当十分明确本次语言学习任务的主题，并对任务主题有一定的认知，有利于学生消除陌生感，同时还能调动其头脑中相关的背景知识。这一阶段的工作完全可以由教师帮助学生，也可以由学生自己查找资料进行思考，但最好还是在教师的指导下掌握一些任务完成所需的知识。

3. 任务中

这一阶段的主要工作是语言学习任务链的构建。学生的英语学习需要围绕一个大的任务，这个任务还必须划分为多个联系紧密的小任务，即环环相扣的任务链。任务链中每个小任务的设计要遵循由简到难、由浅入深、由初级向高级的原则，保证学生在完成任务时循序渐进、层层深入、逐步提高。学生可以通过多种形式完成任务，如个人、结对、小组等。在这个过程中，不管学生选择哪种方式，都必须大胆地将自己的观点与看法用英语表达出来，这是个训练语言应用的好时机。随着学生任务层级式的完成，教学目标也阶梯式地逐渐实现。

4. 任务后

任务完成以后，教师要引导学生以小组为单位向全班展示任务的完成情况，学生在汇报中必须使用严谨的语言，而不能像任务实施阶段那样出现一些非正式性的语言。如果时间允许，教师可以让每个小组的代表都进行发言，一个小组代表发言时，其他小组可以对其进行评价；如果时间受限，教师可以选择一两个完成情况较好的小组代表进行发言，其他小组可以针对其不足之处予以补充。

5. 检查评价

传统的评价方式以教师为主体，由教师对学生进行各种好或不好的评价，任务型英语教学中，任务后的检查评价要综合学生自评、小组互评以及教师总评的结果。学生自评与小组互评是从学生的视角出发的，是让学生自己反思任务的完成情况、语言知识的学习情况。教师总评则是为了将学生学习到的语言信息——语言概念、语言特征、语言规律总结出来，以清晰、系统的方式呈现给学生。在检查评价的过程中，英语教师一定要注意对学生自信心的保护与激发，充分肯定学生的成功之处，对他们的缺点与不足主要进行鼓励教育。

6. 课外作业

课外作业设置是为了强化课堂教学效果。作为英语任务型教学的最后阶段，英语教师必须重视课外作业布置。具体来说，教师可以为学生设计一些项目化的作业，项目主要包含各种各样的交际任务，学生在完成项目的过程中充分运用所学的语言知识，项目完成后，学生对英语语言的整体认知也会加深。项目化作业的难度由英语教师掌控，初期可以设置一些简单的语言练习性项目，伴随着学生交际能力的不断提高，项目的内容可以往社会调查、问题解决方面发展。毫无疑问，科学合理的课外作业必然能够增强学生的英语学习效果。

(三)任务型教学要注意的方面

1. 正确进行教师的角色定位

任务型教学作为一个新的教学模式,也需要新的教学理念指导。对英语教学来说,首先需要转变的认知就是教师的角色定位。教师在教学中扮演的不是唯一性角色,而是同时扮演着合作、支持与促进的角色,即教师需要与学生合作开展教学活动,教师需要为学生的语言学习提供支持,教师需要不断提高学生的语言学习能力。

2. 关注学生的情感态度

学生不是语言学习的机器,而是有思想、有情感的个体,任务型英语教学中,教师需要时常关注学生的情感态度。一方面要做到对学生的尊重,不论其学习成绩优秀与否,都要尊重他、关爱他,让其感受到来自教师的爱;另一方面要在学生出现不良的情绪波动时积极地帮助其调节,让其始终保持语言学习的愉悦感。

3. 注重培养学生的竞争意识

有竞争才有提高,任务型英语教学中,教师要学会为学生制造竞争,培养学生的竞争意识,让学生以饱满的热情投入英语学习中,通力合作与互相竞争相结合,使学生的语言能力进一步提升。

二、用任务型英语教学法培养学生的多元文化观

21世纪,全球经济一体化已经成为必然趋势,在此背景下,各国间的文化交流也日益密切起来,多元文化求同存异、共同发展也成为共识。因此,在英语教学中,教师应当注重学生多元文化观的培养,尤其是在任务型英语教学法广泛实施的情况下,教师更要通过语言学习任务的设置帮助学生了解不同的文化知识,促进其多元文化观念的形成。

(一)以教材为基础的任务型英语教学法

教学实践绝非纸上谈兵,在英语课堂教学中,教师会遇到各种在理论层面无法解决的问题,其中最为典型与突出的就是学生学习水平、学习能力的差异化。教师采取同样的方法教学生,有的学生成绩优异,有的学生则表现较差。因此,在任务型英语教学中,学习任务的制定应当以学生的全员参与为依据,让不同层次的学生都能为任务的完成出一份力,这也是对教育学理

论中广泛性与合作性的践行。基于这样的教学现状，英语教师要想在广泛性与合作性的框架下制定能够培养学生多元文化观念的任务，就需要从教材入手，把教材当作基础性材料。

任务型英语教学中，英语教师要充分发挥其主观能动性，将广泛、丰富的其他国家文化融入教材中，让学生在文化任务的引导下了解不同国家的文化背景。同时，教师可以选择多样化的教学手段，如 PPT 展示、话题演讲等，共同促进学生多元文化观念的形成。

（二）多元文化观培养任务的设计与达成

学生通过英语教材了解各个国家的文化现象及其内涵，这个过程中，英语语言充当了媒介的角色。基于多元文化观的教学任务可以借助几种不同的方式达成。一是关注各国文化中相通的部分。虽然世界各国的文化形成与发展的背景不同，也有着各自的文化现象与内涵，但在丰富的文化宝库之中总有一些相通之处，如规劝年轻人珍惜时光的"Half a Day"。二是以本土文化为主，学习和借鉴其他文化优秀之处，如前南非总统曼德拉的自传"Mandela's Garden"。三是批判地认知西方文化，如"The Nightingale and the Rose"。中西方文化的对比是培养中国学生多元文化观念的关键，通过对比，学生能够深刻感知中西文化的差异所在，从而增强对本土文化的认同，深入对本土文化的认知。

以"Message of the Land"为例，这篇文章讲述的主要内容是工业化进程中，泰国的农业发展受到了巨大的冲击。英语教师在设计这篇文章的阅读任务时，可在任务前阶段注明让学生了解泰国农业生产的相关知识，在任务实施中，学生以小组为单位探讨工业化进程到来的原因及对农业生产的各种影响，分析其中涉及的文化现象，并学会用英语进行表达。基于此，学生能够了解不同地域的农业文化，跨文化学习能力也能有所提高。

又如"Mandela's Garden"一文，这篇文章可被称作英语书面语表达的典范制作，不仅措辞十分严谨，在句式的排列上也整齐、精妙，阅读起来铿锵有力。另外，其传递出的积极的人生态度、坚定的理想信念，更是为人所叹服。学习这篇文章时，英语教师的任务设计可以"逆境生存"为核心，让学生在完成任务的过程中体会文章中的文化精髓，学习西方人分析型的思维模式，感受他们坚强独立的品质。

外来文化也有优劣之分，英语教师要及时剔除那些劣质文化，同时还要培养学生甄别文化优劣的能力。以"The Nightingale and the Rose"为例，这篇文章的阐述视角是唯美主义，文章极力追求"美"，甚至放弃了一些基本的道德品质，学生在阅读这样的文章时，必须甄别出它的好坏，做到明辨是非。

总而言之，文化现象本身就非常复杂，学生面对多元文化难免眼花缭乱、感到困惑，但是，只要从文化交融、吸收、批判三个视角出发，就能形成良好的多元文化观。

第三节　多元互动英语教学

一、多元互动教学模式的含义

"元"即"要素"，教学活动涉及诸多要素，可以是教师、学生、教学管理者等人员，也可以是教学设备、教学环境等硬件，还可以是各种教学软件。"互动"，就是各种要素间的相互作用，主要指教师与学生之间的合作，其他教学要素则发挥辅助性作用，促使学生主动学习，帮助教师强化教学效果。虽然教与学属于两种活动，但二者通常相伴而生，各种教学要素产生互动，共同推动学生学习活动的发展。

"多元互动"是一种新型的教学模式，其是在信息技术飞速发展的背景下兴起的，它改变了人们看待教学活动的传统视角。基于"多元互动"的教学模式，各种要素之间不断沟通与交往，且保持动态，进而实现交互影响。学生的学习积极性被各个要素调动起来，并化身为其中之一，以主体的姿态开展学习活动，提高学习效率，收获学习成果。

英语多元互动教学中，教师与学生为主体，课堂与课外为学习场所，互联网及其终端设备为学习环境，由此开展"师生—生生—生机"的教学与学习活动。在该模式中，教师与学生分工明确，教师引导学生，学生发挥积极性主动学习，最终实现其对语言知识的吸收。

二、多元互动大学英语教学模式的主要类型

在多元互动的大学英语教学中，最常见的教学模式有两种，即"显性互动"与"隐性互动"。显性互动是一种通过观察可以轻易发现的表层互动，这样的互动经常出现在英语教学中，如师生之间就某一问题展开探讨，学生将自己的疑惑之处输入计算机网络进行查询。与显性互动相反，隐性互动是一种深层的不容易被察觉的互动，如学生与个人过往经验的互动、多种教学手段之间的互动。

英语教学中的显性互动与隐性互动并不是独立存在的，二者之间有着密切的联系。"由于隐性互动的不易察觉性，显性互动就是互动最好的表现形式；也可以说，隐性互动其实就是显性互动的深度拓展，它深化了显性互动的内涵。另外，并非所有的显性互动都是有效的，为了提高显性互动的有效性，还需要借助隐性互动这个推手。隐性互动与显性互动的关系就如同人的动机与行为一样，足够的动机才能诱发有效的行为。"因此，大学英语教学中，必须将隐性互动与显性互动结合起来。

（一）师生课堂互动

在大力倡导自主学习的今天，学生自主学习能力的强弱很大程度上影响着英语学习的效果，但就实际情况来看，大多数学生的自主学习能力并不强。尤其是大一新生，他们习惯了以往被教师牵着鼻子走的学习方式，学习思维、学习策略等一时间难以向主动性层面转换，对于高校提供的开放式学习资源也不会利用。这时，就需要英语教师发挥作用，引导学生转变传统的被动学习方式，在课程教学中，英语教师应充分利用信息技术，制作各种信息化的学习材料，并提供给学生，让他们根据自己的学习需求进行选择，以引导学生主动开展英语学习。

在师生课堂互动的教学模式中，虽然英语教师与学生都是主体，但教师的关注点应当在对学生的引导上，学生的重心则应放在主动学习上。互动式的课堂互动需要以学生为中心，学生提出问题教师解答，或者教师与学生讨论帮助学生通过找到答案。"刺激—反应"是师生课堂互动的原理，教师给

予学生刺激，然后学生对这种刺激做出反应，最后不断强化反应，学生的英语语言知识就在这样的过程中获得。

（二）生生"社区"互动

成效显著的师生课堂互动为生生"社区"互动打下了基础。与前者相比，生生"社区"互动更加强调语言应用的真实性，学生应当在真实的交际环境中将头脑中的语言知识进行输出。

师生课堂互动的场所是教室，很多学生在教室学习时会感到沉闷，因此用生生"社区"互动作为课堂的延伸与补充是非常有必要的。生生"社区"互动的场所可以是寝室，也可以是英语角、英语活动中心，还可以是真实环境中的社会实践。在这种教学模式中，学生的英语学习应当围绕真实任务展开，真实的语言环境能够让学生检验自己课堂学习的成果，让死板的语言知识得到灵活运用与恰当巩固；同时，学生在语言应用中能够发现很多课堂中显示不出来的问题，积极反思并解决这些问题，无疑能够提高其自身的语言实践能力。

生生"社区"互动在人数上没有固定要求，但至少两人才能够形成互动。目前，双人互动是常见的生生"社区"互动模式。这是因为，一对一的交流学习更能激发学生的合作意识，一旦学生想要偷懒不完成学习任务，那么另一个人的英语学习也无法进行下去。在这种情况下，学生的责任意识得到增强，英语学习的效率也相应提高。其实，双人互动缩小了的小组合作，由于小组合作中参与的人数众多，有时一两个学生不完成任务并不会对小组整体的英语学习产生太大影响，这就使有些学生产生了惰性思维。除此之外，生生"社区"互动可以是两人之间的直接互动，也可以是借助网络平台的跨时空互动。生生"社区"互动更适合学生之间进行问题的研讨，让学生在合作交流中解决问题。

（三）生机多元互动

现代化信息手段逐渐融入了当前的大学英语教学中，生机互动教学模式成为现实。纵观信息技术与英语教学的融合历程，从最早的简单辅助角色到如今的发挥巨大作用，这离不开教学观念的转变。在生机互动教学模式中，计算机扮演着学生英语学习的全方位辅助角色，如教师般的引导者、同学般的陪伴者、长辈般的关怀者。基于计算机技术,学生可以即时获取英语学习的海量资源,并根据需求选择适合自己的学习方式,学生的个性化学习获得实现。

生机多元互动的英语教学中,学生学习的载体形式多种多样,网络教室、校园网学习平台等都可以。学生可以充分借助平台的便利性查找自己所需的英语学习资料,也可以将自己解决不了的英语问题放到平台上寻求帮助。总而言之,生机多元互动拓展了学生的英语学习空间,学生可以充分发挥其自主性进行学习,也可以与机器合作,在机器的帮助下学习,学生英语学习的潜能因而被大大挖掘出来。

(四)教师多元互动

互动式的英语教学不仅要求学生与各方展开互动,还要求教师之间要进行互动,教师要主动加强与其他教师的沟通与合作。毫无疑问,教师是重要的教学要素之一,教师在教学中发挥的作用非常大,信息化教学时代的到来警示英语教师,不要将自己和其他的教学要素分隔开来。传统教学理论的研究往往被框定在教育学的架构之下,很多大学英语教师没有经历过专业、系统的教学理论学习,他们所掌握的教学理论仅仅源自英语专业学习时的一门学科课程。伴随着信息技术的发展,英语教师需要加强对教学理论的认识,并且能够理解信息技术与英语教学融合的重要意义。然而事实并非如此,一些固守传统的大学英语教师并不能感受到信息技术为英语教学带来的诸多便利,因此在教学中仍然不擅长现代信息技术手段的应用,不与计算机展开互动,也很少与其他教师进行互动。其实,网络中有很多优质的大学英语教学资源,也有大量来自英语教师分享的优秀教学经验,传统的大学英语教师完全可以借鉴这些有效的方式方法开展教学,尽自己的努力为学生呈现一些现代化的教学课件。另外,教师还需要借助便利的网络渠道,加强与其他英语教师的交流与合作,从而创新教学设计、拓展教学资源、丰富教学内容、改变评价方式等。

三、大学英语多元互动教学模式的实施策略

不同的教学模式具有不同的实施策略,大学英语多元互动教学应当以学生语言综合能力的提升为目标,关注英语教学本身的特点,结合学生学习中

经常出现的问题，制定相应的实施策略。有效的英语教学实施策略很多，但是在教学要素多元互动框架下依然能够发挥作用的策略主要有以下几种：情景创设策略、自主学习策略、合作学习策略以及点评归纳策略，下面笔者将展开详细分析。

（一）情境创设的策略

1. 创设情境

英汉两种语言存在巨大差异，有些学生由于习惯了汉语思维及汉语学习方式，始终对英语学习提不起兴趣，因此，英语学习情境的创设就十分重要。在近乎真实的语言学习环境中，学生的学习兴趣能够得到激发，学习热情也更加高涨。

所谓情境创设策略，就是通过创设与学习内容密切相关的情境，以此提高学生学习主动性的策略。一堂英语课的情景创设应当放在课堂最开始的部分，这能让学生在学习之初就沉浸在具体的英语情境中。情境创设的具体方式有很多。

（1）通过提问创设情境

问题是求知的源泉，在问题的引导下，学生的学习热情才能被点燃。根据建构主义理论观点，学习与问题情境有着极为密切的关系。当学生的学习处于问题情境中时，为了攻克这些问题，学生会充分调动头脑中已有的认知结构，并利用这些旧有知识和经验同化情境中出现的新知识，由此，新知识不再陌生，学生能够相对容易地将其掌握。这就要求英语教师在课堂教学中，通过提问为学生创设情境，让学生在问题的推动下展开积极主动的学习。

在问题情境的创设中，教师要格外注意两方面，一是问题本身的质量，二是提问时采取的具体策略，这两点对学生学习效果的获得有着十分重要的影响。因此，英语教师应当做到以下几点：第一，问题要恰当。问题的内容及难易程度要根据教学目标、学生知识水平、教学环境、与旧知识的相关程度等决定，教师切忌将问题设置得过于烦琐。第二，问题要有思考性、启发性、挑战性。学生在解决问题的过程中，必须将新知识与旧知识联系起来充分思考，这样才能得到启发；同时，问题的难度要稍高于学生的知识水平，让学生感受到一定的挑战，这样学生才能以极大的积极性投入问题的解决过程中。

第三，问题要有现实意义。与实际生活脱节的问题只能让学生感到空洞，而不是产生想方设法解决它的欲望。第四，问题要有层次性。由简到难、由浅入深是问题设置的关键，这样可以让不同层次的学生都能参与问题的解决中，那些基础较差的学生也能保有自信心。第五，提问的类型要以推理性和开放性为主，不要让问题的答案显而易见，也不要让问题的答案固定如一，英语教师要启迪学生开动脑筋推理出问题的答案，并且说出丰富多彩的答案。第六，问题解决方式多样化。有些问题凭借学生的一己之力就能解决，有些问题则需要三五个人的共同合作才能找出答案，因此，英语教师要鼓励学生通过多种方式解决问题。第七，积极鼓励与肯定学生的回答。尽管有些学生的答案不那么正确，但英语教师也要积极鼓励他们，不断对其进行引导，直至其做出合理的回答。

（2）设置疑点创设情境

学生对未知事物都有好奇心，这种好奇心促使其不断深入挖掘问题，直至谜底揭开。英语教师可以抓住学生的好奇心理，在情境创设中增设疑点，并且这些疑点只能跟随教师的脚步在不断的教学互动中得到解释，如此一来，学生就会自发地参与到教学活动中。

（3）利用图像创设情境

英语教学中，学生对直观性的情境更感兴趣，英语教师应当广泛搜集图像资料，用图片、影像等更为生动形象的形式将教学所需的情境创设出来，从而激发学生的学习兴趣，使其能全身心投入英语学习中。

（4）利用表演创设情境

表演是一种需要学生亲身参与的活动，英语教师可以提前向学生布置与新知识相关的表演任务，并让学生在课程导入阶段进行表演。这样，学生不但能亲身感知新课内容，还能满足他们通过表演展示自己心里的愿望。

2. 明确目标

学生要在正确目标的指引下开展英语学习，并为了达成目标不懈努力。基于此，学生首先要明确目标。不同学生的知识水平、接受能力等存在差异，对于一堂课的掌握程度肯定也有深有浅，教师要告诉学生，这堂课中哪些内容是必须掌握的，哪些是了解即可的，哪些是能力较强的同学可以拓展延伸的。其实，英语教师应当把教学目标置于教学情境中，让学生在情境中自主探索目标，这样才能最大限度地激发学生英语学习的主动性。除此之外，教学目标不能仅仅出现在课前导入阶段，而是要贯穿在整个课堂教学的过程中，让学生始终处于教学目标的引导中。最后，英语教师要对学生目标的达成情况予以分析和评价，让学生清楚地知道本堂课的收获。

（二）自主学习策略

当前，大学英语互动教学实施的最大障碍就是学生自主学习意识的薄弱、自主学习能力的欠缺。因此，强化大学英语多元互动教学效果，必须从学生自主学习能力的提高入手。

鉴于学生自主学习能力不强的状况，教师要为其提供足够的指导，告诉他们自学的内容与要求，教给他们自学的方法与技巧，接下来学生就可以开展自主学习了。虽然学生的自主学习能力不强，但是英语教师要充分信任学生，相信他们在经过引导之后能够保持较高的自主学习积极性，能够通过自主性的发挥收获语言知识。当课程内容自学的难度较大时，英语教师要提供必要的指导，对于那些基础好、能力强的学生，只需要稍加点拨；对于那些基础薄弱、能力不强的学生，则需要悉心解释，不能给他们造成过多的学习压力。自学完成之后，进入小组讨论阶段，学生之间可以就存在的疑惑展开探讨，共同促进问题的解决。自主学习并不单纯局限于课堂中，课下才是学生自主学习的主阵地，学生自主学习的开展不应受到场所的限制。

（三）合作学习策略

为了更好地完成英语学习任务，合作学习必不可少。学生通过小组学习、团队活动、集体生活等方式将各自掌握的语言知识融合起来，从而实现共同进步、共同提升。合作学习策略极大考验着学生的合作意识和团队精神，只有所有同学拧成一股绳，才能收获最好的学习效果。

大学英语教学课堂的容量非常大，甚至有上百个学生一起听课，英语教师的教学方法不可能适用于每个学生，教学进度也不可能让每个学生都跟上，这就凸显了合作学习的重要性。合作学习中，多个学生成为一个学习共同体，能力强的学生可以帮带学习能力不足的学生，通过互动学习的开展，学生英语学习的整体水平必将有所提升。

（四）点评归纳策略

客观来说，在多元互动的大学英语教学中，教师评价的重要性比不上学生自评及其之间的互评，教师所起的作用不过是点评归纳，帮助学生总结。因此，评价环节应当先由学生展开，并按照学习内容、学习行为与效果的顺序依次评价。学生评价也是对其自身综合能力的锻炼，这些能力包括合作能力、个体化活动能力等。学生互评结束之后，就要由英语教师进行点评归纳。其实，学生已经将大部分课程内容总结出来了，教师需要做的就是查漏补缺，并且以系统精简的语言将知识体系凝练出来。

第三章 多元文化背景下的课程目标和双语教学

第一节 一元文化课程的反思与多元文化课程目标

一、一元文化课程的反思

当今世界是一个文化多元的时代,尊重区域文化的问题正在被关注。由于处于社会转型时期,各种文化思潮不断兴起,这些都会对教育产生一定的影响。多元文化的社会环境对学校教育产生了直接的影响,这种影响体现在学校环境的各个方面,使学校自身也成为一种多元的环境。如何在与各种文化要素的广泛联系中发展适应多元文化社会的教育,是学校教育面临的重要问题。

多元文化理念的兴起引发了人们对一元文化课程的反思。所谓一元文化课程亦即主流文化课程,这种课程以优势族群的文化、历史、风俗习惯、价值观念等为中心来进行设置,常常忽略了其他族群的需求,强调的主要是当时的主流文化。对此,人们要求改革现行的一元文化课程,发展新型的多元文化课程,以适应现代社会多元文化发展的趋势。这种多元文化课程要求尊重和反映每个学生的地区、性别、文化传统及与其相伴而生的文化体验,体现不同地区和不同群体的现实状况及其对社会发展的贡献。

多元文化理念提出,一元文化课程不仅会对非主流文化族群造成心理上的挫伤,而且对主流文化族群也会产生一种负效应。因为一元文化指导下的课程容易使主流文化族群错误地形成自身的优越感,这样既丧失了他们从其他文化族群的知识、观念中获益的机会,又不利于自身文化观念的反省和发展,达到文化自觉的高度。日本学者曾指出:"要客观地认识与理解自身文化是困难的,而突破这个难点的最好办法就是同多元文化的接触和交往,在更高的深度上去理解它。这样才能从自身文化及支撑这一文化的价值中获得自由。"费孝通先生也曾指出,人们首先要认识自身的文化,理解多元文化,才有条件在多元化的世界里确立自己的位置,与其他文化一起取长补短,共同建立一个大家认可的基本秩序。可见,一元文化课程尽管历史悠久,而且影响确实根深蒂固,但在多元文化被广泛认同并业已成为社会发展主流的今天,一元文化课程的消极因素变得越加明显。它不仅不利于各种文化的交流和认同,反而巩固和加深了社会对非主流文化族群的成见和偏见,成为诱发不同文化族群矛盾冲突的重要因素;它不仅影响学生对其群体角色、性别角色等的认同与归属,还会由于教育的片面性而使他们产生疏远和自卑感,产生内在的文化冲突,削弱其学习动力,从而极大地影响学生的成就动机、学业成绩和职业成就。这与当下的教育目标是相背离的。

二、多元文化课程目标

根据我国当今的社会背景,并借鉴他国的多元文化课程目标之后,可归纳总结出我国的多元文化课程目标。

(一)建立文化多元概念

世界是由不同的文化群体构成的,各种文化都有其产生与发展的背景,都有不可剥夺的存在理由和不可替代的独特价值。由于现代生活的需要,不同文化群体之间的交流和接触越加频繁深入,对不同文化的理解与尊重是避免文化冲突,实现平等交往、成功合作的必要条件。倘若对不同文化持排斥、否定的态度,必将导致交往中的文化冲突,对个体的成长、社会的发展都将带来无法弥补的破坏。所以,应使学生形成开放的心态去对待世界,不惧怕陌生的事物,不惧怕陌生的面孔。

(二)给学生提供系统学习不同文化的机会

学校教育应给学生提供系统学习某一不同文化(包括语言)的机会,培养学生对该文化的尊重以及深刻理解,获得理解不同文化所必需的基本技能。这一目标是基于这样一个设想:对某一文化的深刻理解以及获得的积极态度可以使学生移情地尊重不同文化，在此期间获得的一些跨文化的学习基本技能可以发生迁移，帮助学生更好地理解不同文化。这样，可以实现举一反三、以简驭繁，使学生在有限的学习时间和有限的精力下，达到接纳与尊重所有不同文化的根本目的。

这一目标的另一设想是为学生评价本国文化提供一个完整的、系统的参考体系。通过系统的学习，深入了解不同文化的形成与发展，深刻领会不同文化的内涵，这些都是在反省本国文化中时须触及的方面。缺乏这样的学习，势必使反省不全面、评价不公正。语言不仅是交流的工具，也是特定文化的载体，语言课程在任何一种形态的多元文化教育中都得到了充分的重视，这点已无异议。

（三）发展学生的批判性思维

不同文化的学习给学生审视本国文化提供了良好的机会，要充分利用多元文化教育的这一优势，促进学生对本国文化的反省，启发学生从新的视角去看待那些自认为"理所当然"的观点与现象，帮助学生去发现隐藏在文化现象下的预定性假设，引导学生在多元文化社会里，批判、反思自己的文化形成，确立自己的价值观、信仰、行为方式等，构建个人的文化观。只有个体的独特性得到自由的发展与充分的尊重，文化的繁荣昌盛才有可能实现。

（四）认识文化多元的价值

需要说明的是，多元文化教育是学校教育的一个组成部分，它与国家的教育目的是一致的；多元文化课程也不是学校课程的全部，它是以单一文化教育的存在为前提。若没有一个已有的文化学习，就无所谓不同文化学习。而且，一个国家只有具有和保留自己的独特性，才有可能在国际上占有重要地位，才能对世界的发展做出自己的一份贡献。因此，在多元文化教育下，本国文化课程不但不能削减，反而应该加强。理解自己与理解他人本身就是一个互相促进的过程，多元文化教育在理解与尊重不同文化的过程中，也实现了对自己文化的更深刻的理解及发展。

通过学习，学生要广泛地了解多种文化，扩充对人类的认识，发现多种文化所蕴含的共同人性和对美好生活的追求，理解平等与正义的法则，把促进社会的平等与发展视为每个社会成员的职责；能够运用所获得的方法与技能去探究其他文化的形成与本质，时时以不同文化为镜像，解剖"自己的文化"，促进个人文化的不断成长；以开放的心态去认识世界、认识自我，把多角度考察问题、概念作为一种思维方式，发现文化多元的价值，增进对文化平等的维护。

课程模式必须反映出具体课程设计的基本思路，对具体课程设计具有重要指导意义。所以，多元文化课程模式是开发多元文化课程的重要环节。

首先，课程模式的设计要协调好社会、学生、知识三者的关系，这是各种课程设计中面临的一个永恒的主题。要以学生的发展为中心平衡三者的关系，并在课程模式的设计中体现这一原则，把促进学生的发展作为课程模式设计的主线。

其次，课程模式是以一定的课程目标为依据制定的，因此，它必须反映课程目标的设想与要求。我国的多元文化课程目标由两大部分组成：通过对他国文化的学习，促进对他国文化的理解与尊重；通过对本国文化的反省与批判，实现本国文化的发展与更新。

最后，课程模式必须遵循学生身心发展的特点与需要，才能反映和实现促进学生身心发展这一基本原则。从横向维度上看，学生的发展要经历知识的掌握、技能的形成这个过程，能力的发展、态度与情感的形成发展伴随其中。作为多元文化学习过程中特有的内隐性要求——确立自己的价值体系，应在文化的比较后建立。从纵向维度上看，学生对本国文化及他国文化的认识逐渐加深，由经验转向理性、由单一过渡到群体、由个别扩大到整体。

综合三方面的因素，可以勾画出我国多元文化的不同阶段课程模式的基本结构。

初级阶段：由个别差异的认识到家庭不同的认识。这一阶段学生对多元文化的认识来自生活环境，尚处于经验阶段。所以在这一阶段，应"以经验为中心"来组织课程，着力解决生活环境中令学生困惑不解的现象与事实，启发他们对认为是理所当然的事实重新思考，并引导与帮助学生发展自己的观点。在传授知识的同时，逐步培养学生的反省与自我批判的能力，保持和激发学生的学习兴趣。

中级阶段：由社区和各地区间不同的认识，进而认识到各地区之间的差异。在此阶段，经验所提供的零碎的、不全面的认识已无法满足学生认知发展的需要，为了更深入地探索文化差异的形成，就必须对其他文化有全面系统的了解。"要系统地获得一种距离大学生、中学生、小学生的环境往往非常遥远的知识就要热心学习各种科目",所以这一阶段应以学科方式提供多元文化课程,并培养学生一些跨文化的比较分析等基本技能,通过对两种文化系统且全面的比较,获得文化差异形成的一般认识,并促使学生反省本地区文化的形成。在冷静、理智地剖析两种文化后,确立自己的文化倾向或文化观,发展积极的自我概念,同时也充分尊重异于自己的观点与态度。

高级阶段:由各种文化差异,包括家庭、性别和不同地区的不同文化,进而认识到文化的国际性、各种不同的文化及所有地区的文化。在这一阶段,需要通过接触与了解更多的文化,进一步训练与巩固所获得的基本技能,并移情地尊重与理解其他文化。

提供文化差异的方式可以首先以社会问题或事件为中心,由课程呈现各方观点,抑或由学生独立收集各种意见;其次在教师的帮助下逐步独立地运用各种基本技能,分析各种观点的成因,挖掘其潜在假设,通过对各种观点、态度等的广泛理解,发现人类文化的共性与追求;最后,确立自己对社会问题或事件的立场与态度,甚至采取必要的行动。课程的选择与组织始终都应遵循学生多元文化观念发展的阶段性特点,以培养学生跨文化的理解能力、探究能力为核心,在促进学生对不同文化理解与尊重的同时亦促使学生人格成长及清晰、明确的自我概念的建立。只有当未来社会的主人——学生的多元文化素质得到充分发展,国家间的平等尊重、友好合作,以及文化上的繁荣昌盛、欣欣向荣才有可能实现。

需要说明的是,这三个阶段并非泾渭分明,因为学生认知的发展是连续的、整体的,而非跳跃的、局部的,所以,这三个阶段的课程组织方式不是互相排斥,而是互相补充的,只不过有主辅之分,即在某一阶段应以某一类课程组织为主,其余二者配合。这样,各类课程组织方式的优势都能得到充分利用,从而更好地促进学生的多元文化素质的发展。

第二节　多元文化背景下的双语教学发展趋势

一、多元文化教育与双语教学

多元文化主张所有的人都能平等地参与社会生活,同时自由地保持和发扬自己的文化。多元文化教育,是指在多地区的多种文化共存的社会背景下,在维护整个国家团结统一的前提下,通过改革教育环境,使各地区的文化共同、平等地发展,以丰富整个国家的文化,各地区学生在其中享有平等和学术公平的教育。多元文化教育是一种个性化教育。现实生活中每个个体都有自己的特点,在教育中必须面对这些事实,要在教学中发展学生的个性。

双语教学是多元文化教育的基本前提。著名双语教育专家、加拿大学者麦凯(Mackey)和西班牙学者西格恩(Siguan)在他们合著的《双语教育概论》一书中,对双语教学做出这样的界定:第一,仅仅使用一种语言而这种语言并不是学生的第一语言的教学,不能称为双语教学;第二,即使学校系统在官方并不被认为是双语系统,但学生在事实上接受双语教学并成为操双语者,可认定为双语教学;第三,双语教学既不包括同一种语言的两种变体的特殊情况(如标准语形式与方言形式),也不包括学生的语言是教育系统使用的语言的方言形式这种十分常见的情况;第四,一种教育系统,其课程中列有其他语言的教学科目,也不能称为双语教学系统。由上述可知,双语教学不是两种语言的机械相加,而是在两种语言教学同时进行的条件下所构成的有机整体。双语教学的任何一方,都要在与另一方的联系中设计和实施。反之,就不是完整意义上的双语教学。

二、多元文化背景下双语教学的特点

根据我们对双语教学的认识,多元文化背景下的双语教学具有跨文化性、地区性、平等性、差异性和生成性等特点。

（一）跨文化性

双语教学不同于单语教学。单语教学以一种语言为媒介，对学生主要实施一元文化的教育。双语教学则以两种语言为媒介，对学生进行多元文化教育，其目的不仅要把学生培养成懂得两种不同语言的人，还要把他们培养成与两种语言相关联的跨文化人。语言与文化既有密切的联系，又互相区别。语言是一种文化，而且是最初始的文化；同时，语言又是一种特殊的文化，它是文化的载体，是文化的组成部分，是文化的一个方面，并非文化的全部。在双语教学中，学生在习得一种地区语言的同时，也习得了这一地区的文化内容和文化传统。所以，双语教学具有跨文化的特点。

（二）地区性

语言是人类历史、文化、知识和经验的载体，是一个地区文化的象征。人类的语言非常复杂，语言在交往过程中形成了各种各样的关系，如母语、双语等。例如，美国人的双语是英语与西班牙语、法语或其他语言的双语。任何一个地区实施双语教学，都必然要对学生进行两种或两种以上地区语言、地区传统、地区文化、地区风俗以及地区心理等方面的教育，这就使双语教学带有鲜明的地区色彩，具有地区性的特征。可以说，双语教学是地区教育的主要形式。

（三）平等性

双语教学是实施多元文化教育的重要手段，它必然要打上教育平等的烙印，体现出平等性的特点。其表现如下：双语教学中两种或两种以上的语言是一种共生共存的关系，两种或两种以上的教学用语是平等的，不存在主次之分。双语教学不仅仅是两种语言的学习，也是两种教学用语的使用，即要使双语教学充分显示其在两种文化背景下的语言性质及语言价值，否则就不是真正意义上的双语教学。

（四）差异性

双语教学虽然具有平等性，但也存在差异性。首先，两种语言在教学时间分配上具有差异性。在双语教学活动中，要在规定的时间内完成一定的教学任务，如果两种语言在教学时间上完全平均，将会使教师无所适从，使双语教学陷入歧途。这就要求根据各地的实际情况，灵活分配两种语言的教学时间。其次，双语教学方式具有差异性。我国双语教学难以整齐划一，不可能采用一种教学方式。从全国范围来看，地区教育有其特殊性，在地区教育内部，各地区又各有其特点，因而必须从实际出发，采取不同的方式进行双语教学。通过双语教学保持地区间的文化差别，并使各地区拥有自己的文化，通过双语教学的课程设计反映其价值体系。

（五）生成性

双语教学的过程是学生两种语言知识建构、能力发展以及师生情感交流、思想碰撞、个性张扬和精神交往的过程。在这一过程中，学生突破原来单一的思维方式和认知结构，建构新的知识，生成新的意义，培养和形成新的情感、态度和价值观，以及自由、民主和平等的精神与理念。双语教学过程不再是一个客观文本的解读过程，而是师生双方利用两种语言进行对话、交流、理解和意义生成的过程。其意义不是从文本中直接显示出来的，而是从师生与文本的对话中创造出来的。也就是说，"理解"不由"别人"告知，不由"文本"直接呈现，它是师生双方对话、交流和进行意义建构的产物。在双语教学过程中，学生建构了新的"知识""意义"和"理解"，从而使不同的个体生成崭新的自我。

三、多元文化背景下双语教学的发展趋势

综观国内外双语教学的现状，多元文化背景下双语教学的发展主要有自主化、多样化、整合化和现代化趋势。

（一）自主化

就目前国内外双语教学的现状来看，各个国家、各个地区的双语教学模式都是以"我"为主，越来越重视走自主化的发展道路，注重弘扬本地区的优秀文化传统。如新加坡政府确立英语为官方语言，华语、马来语、印度语都只是各地区的母语，规定各地区母语和英语为教学用语，进行双语教学。

（二）多样化

多元文化背景下双语教学的多样化发展是历史发展的必然趋势。不仅各国双语教学的发展路径不尽相同，而且同一国度中各地区双语教学的发展模式也不尽相同。根据世界各国存在的各种差异和一国之内存在的地区差异，未来双语教学的模式和方式仍将是多样化发展的格局。

（三）整合化

双语教学不仅是两种地区语言的学习，也是两种地区文化的习得。双语教学中如何让学生既学会两种语言，又能习得两种文化？这就要求双语教师尽量利用各种有效的方法整合课程中的有关地区和族群文化的内容。目前，国外著名的"贡献途径"和"附加途径"两种方法，已对此做出了有益的探索。"贡献途径"要求教师在教学中插入地区和族群文化的一些专门知识（如有关英雄人物），但并不改变课程的计划和单元。"附加途径"也并未真正改变课程组织和结构，但教师在教学中可增加一定主题的特殊单元。课程内容的整合化，将是双语教学发展的一种趋势。

（四）现代化

现代社会要求人具有现代化的思想观念、思维方式和行为方式，如具有开放性、创造性、进取心和开拓精神等。双语教学的目的是培养具有现代意识、现代观念和现代行为方式的人，其发展必然要回应现代社会的要求，秉持现代化取向。双语教学现代化的核心是人的现代化。人的现代化有四种最基本的品质，即求变化、尊重知识、有自信和开放性。双语教学作为以两种语言为媒介的教学实践活动，它需要教师、学生具有现代化的思想观念和行为方式，因而人的现代化是双语教学发展的基本前提。

第四章 多元文化背景下的英语教学技能培养

第一节 多元文化背景下的英语语音及词汇教学

在贸易范围不断扩大的当下，随着货物的交际，不同国家之间文化的交流也日益频繁，在此背景下，社会对个人英语水平的要求越来越高。英语教学的重要性日益凸显，在英语教学中，语音以及词汇是学习的基础，所以受到了越来越多的关注。本章以多元文化为背景，分析了英语语音及词汇教学的意义、内容、现状、教学策略等方面的内容。

一、多元文化背景下的英语语音教学

（一）英语语音教学的意义

对语言学科来说，是有着一些基本的要素的，不管是语音、语法还是词汇，其作用都是非常关键的，单就语音教学来说，其意义也是非常重大的。

1. 帮助学生轻松地记忆单词

在英语的教学中，显然语音教学也是非常重要的组成部分。对英语来说，具有拼音文字的典型特征，在很多方面都会受到语音的重要影响。对某个具体的词汇来说，在汉语中我们可以通过看某个词大致猜测出这个词的意思，但是，对英语词汇来说，我们往往可以通过辨听某个词汇的发音来猜测它的意思。

教师在开展教学的时候，会有很多学生向教师反馈自己遇到的问题，其中最具有普遍性的问题就是学生记不住单词，他们觉得单词的记忆是很费时

间与精力的。对这一问题来说，其根源在于学生没有意识到良好发音的重要性。对英语的单词来说，它的发音与拼写之间是存在内在联系的，并且也遵循着一定的规律，如果我们掌握了这些读音的法则，就可以利用其进行单词的记忆。

2. 能够提高学生的听说技能

如果学生能够对语音知识有深入的把握，那么显然就可以提高他们学习英语的兴趣，在这种正向的激励下，学生学习英语的积极性必然会得到激励。不仅如此，我们保证发音准确性的根本目的就是为了让对方听懂我们的谈话。一旦学生掌握了语音的理论并且该学生能够将这些理论运用到实践中，那么不管是句子的连读还是同音弱化等对他们来说就都不是问题了，再遇到此类问题的时候，学生也能对这些语音现象做出快速反应，并且能准确理解单词的意思。

在教学实践中，教师往往会听到学生说自己的听力水平很低，并且尝试了多种方法，进行了很长时间的训练都没有取得良好的效果。这样一来，学生就很容易灰心丧气，从而放弃听力的练习与学习。在考试的时候，有些学生也往往不会认真对待考题，而是采取了猜测+乱蒙的方式进行答题，这样显然无法取得良好的成绩。

之所以出现这样的状况，是因为学生没有掌握正确的发音，所以在语速比较快的情况下，学生很难听清楚对话双方所交谈的内容是什么。如果学生能够学好英语语音的话，就能比较顺利地读课文，并且也能听懂一些语音材料，从而敢于开口说英语。

3. 有助于培养阅读能力

对学生而言，其阅读能力的高低往往能成为他们英语水平的一个重要的衡量标志，当然，在考试的时候，阅读能力强的考生往往会取得比较好的成绩。出题方设置阅读理解题目的主要目的就是为了考查学生的语法以及词汇等知识掌握的是否牢靠，其中，对于阅读的速度也是有一定要求的。

文字是记录语言的一种符号，如果学生都能明确这些符号的声音形象，那么在看到这些词汇的时候就可以快速在大脑中进行转换，而转换的快慢就决定了阅读速度的快慢。对一个学生来说，如果默读都有困难的话，就更无法理解了。

（二）英语语音教学的内容

1.语音要素

语音包括元音、辅音、重音、节奏、语调、连读、弱读和意群等要素。语速、语调、重音和节奏对话语的理解比单个的音来得重要。重音和语调可用来突出一些重要的短语，或暗示某些词语可以以某一特别的方式来理解。学习者的语速、停顿、不同的音高、语气和音量可以增强语言的表达效果，如用于角色扮演和讲故事等活动时，上述的语音特征结合起来可以使语言表达更生动。

（1）元音

如上所述，英语有许多不同的口音，每一种口音的区别主要在于其元音体系不同。英语的元音属于舌根音。同时舌部有三种发音位置：上舌位（前元音）、中舌位（中元音）和下舌位（后元音）。英语元音的发音有三种口型：圆唇——收势口型（round lips）、扁唇——外延口型（spread lips），前趋唇——收缩口型（protruding lips），掌握好这三种舌位和口型是发好、发准英语元音的关键。

（2）辅音

对辅音音素的描述需要注意三个问题：1）发音时使用了口腔的哪个部位？2）声音是如何发出的？即气流在口腔中是如何受阻，又是通过哪里释放出来的？3）声音是否从喉咙中发出？如果是，则是浊辅音，发音时声带振动；如果不是，则是清辅音，清辅音发音时只送气不出声。

（3）重音

重音有单词重音和句子重音。每一个单词都有一个音节是重读音节，但重读落在哪个音节上似乎难以预测（虽然有一些规律）。而在语句中，所有实词（content word）都要重读，虚词在语句中一般要轻读。在句子层面，有些重音要比其他重音重要，如负载重要信息的那些，它们因负载重要信息需要语调重音，重读的那个词带有调子。

（4）节奏

任何一种语言都有自己的节奏。英语的节奏依赖于重读音节和非重读音节的更替。每个句子中出现的一系列音节都有轻重、长短、快慢等有规律的更替。在朗读或说话时重读音节要读得重些、长些、慢些。相反，非重读音节要读得轻些、短些、快些。语句中的长音节前后均有短音节围绕。这种轻重、长短和快慢更替的现象构成了英语的基本节奏。

（5）语调

英语一般有以下基本语调：升调、降调、平调、升降调和降升调。音调有语法功能、表意功能和表达态度的功能。

（6）连读

在正常的谈话中我们经常遇到的一个现象就是连读，如果一个单词词尾是辅音，下一个单词开头是元音的话，我们在读的时候往往将这两个单词一起读。连读可以让语言显得连贯流利。

例如：

a. This is a picture. → ðɪs'ɪz'ə'pɪktʃə.

b. four eggs → fɔːegz.

（7）弱读

英语中大约有 40 个词可以用两种不同方式发音，一种叫强式，另一种叫弱式。一般来说，具有这两种形式的词都是一些功能性的词语，例如：

a. here are → hiərə

b. Why am I here? → 'wai əm ai'hiə?

c. When does it arrive? →' wen dəz it ə'raiv?

英国人说英语时大量使用弱式，而中国英语学习者使用这类词时往往用强式，这会给听力活动带来一定的困难。因此有必要把学会弱式发音当作语音课的教学内容。

（8）意群

我们要说的句子较长时，通常会把它分为一个个语块，每个语块都有一个语调重音（tonic stress），语块之间有很短的停顿，以便听者有时间理解所听的话语。

2. 发音要领

英语发音的三大要领是气流、口型和舌位。口型、舌位及口腔中某些部位的运动是发音的关键。每一个音速的发音都有要领，超切分音位的发音学习也需要抓住要领。教师在讲解要领时切忌单纯说教，最好是讲解、示范和现场模仿相结合。

（三）英语语音教学的现状

1. 不重视语音教学

在当前的英语教学中，一些学校没有意识到语音教学的重要性，所以就会忽视语音的教学。也有很多教师认为，语音知识是非常简单的，对大学生来说再学习语音知识就是不合时宜的。但是具体的情况是，大学生之前也没有进行过系统的语音知识学习，所学习的内容只是考试大纲所划定的那部分内容，所以，他们的语音知识往往是比较薄弱的。

对很多学生来说，他们一些音标的发音都是不准确的，基础都没有打牢，又怎么能说出一口流利的英语呢？并且，对这部分学生而言，他们的听力水平也堪忧。大部分学生都会背诵一些语法规则，但是没有将这些规则运用到实践中，如果在大学中，学生不重视语音的学习，那么显然他们的英语交际水平就无法得到根本的提高。

在实际的语音教学中，教师往往只关注某个音标的发音，但是并没有同步重视学生的语音与语调，所以学生无法深入了解相关的语音规则，在读相关句子的时候就很容易出现错误，这种错误在定型之后往往是很难更改的。

2. 认识误区及方言差异影响语音语调

对不少的学生来说，他们在学习语音的时候往往存在很多误区，他们，往往不重视语音的学习，并且认为语音是低年级阶段所学习的内容，在大学的时候他们往往会根据考试的内容进行复习，更是忽略了语音的学习。为了通过等级考试，大部分学生都会将大量的时间运用在单词的复习以及做题上，很显然忽略了英语的综合性学习。但是对英语学习来说，如果不重视听和说，其英语能力显然无法得到真正的提高。

我国地域辽阔，人口众多，在不同的地区有不同的方言。长期以来，教师在教学中往往忽略了语音的教学，这导致很多学生的英语语音基础薄弱，在开口讲英语的时候，也没有正确的语调。这些问题是由以下几个方面的原因造成的。

首先，学生在发单音素音的时候往往会产生读音错误，这受母语以及方言的影响比较大，在发音的时候口型不对，导致英语的发音不准确，受到汉语的影响，学生在读音的时候经常忽略一些细节，如爆破等。

其次，汉语在读相关单词的时候是以音节为主的，但是英语却是以重音为节拍的，学生往往处理不好重音，导致重音的表现力不佳，无法形成正确的节奏，所以在英语朗读的时候中心不突出。学生不会停顿，导致英语的连接出现问题，也无法突出英语的节奏感。

最后，在学习英语句子的时候，学生往往无法准确地把握相关的语调，导致英语的语调比较模糊，无法表达出英语语言中的情感。很多学生在读句子的时候都比较机械，无法分出句子的属性。

3. 大学英语语音教学材料的缺乏

教材是学习的重要指引，但是从目前的情况来看，我国的英语教材并没有特别重视语音方面的知识，所以无法满足学生学习的需求。对于非英语专业的学生来说，涉及语音的教材并不多，并且所涉及内容也缺乏实用性。语音教材大部分都是针对英语专业的学生，所以这些内容并不适合非英语专业的学生学习。还有一些语音教材并没有对语音知识进行深入系统的介绍，所以学生无法成体系地开展学习。

（四）英汉语音的文化差异

1. 汉英重音差异分析

在英语和汉语中都存在重音的现象，重音对句子的含义有着重要的影响。英语中的一些重音可以改变句子的含义，这种重音叫作"表意重音"，在汉语中，也有一些重音的存在，这种重音被称为"语法重音"。

汉英重音的差异主要反映在重音的位置不同，在汉语中，重音一般都会在主语上，也有一些重音会落在补语或者宾语上。但是在英语中，重音一般都会落在实词上。

2. 汉英音节差异分析

在语音序列中，音节是其组成的基本单位，同时也是最小的一个结构单位。从音节上来说，汉英两种语言之间的差异也是很大的。

对于汉语来说，一个字就是一个音节。对于汉字来说，大部分字的构成方式都是声母+韵母，但是也有一些少数词可以由声母单独构成，如一些感叹词。在汉语中，声母是无法单独使用的，在使用的时候必须和韵母搭配起来。

我们可以将汉语中的韵母进行分类，根据发音位置的不同，可以将其分为前鼻音韵母和后鼻音韵母。在汉语中，两个或者两个以上的韵母可以复合组成新的整体音节。

英语是拼音文字的一种，可以将其音节分为元音和辅音两类。对英语中的元音来说，可以单独构成音节，也可以通过和辅音结合的方式构成新的音节。对汉语来说，每一个字我们都可以称其为音节。我们也可以将汉语中的音节进行切分，将其分为声母、韵母和声调三个构成部分。

对英语中的单词来说，其可以由一个音节构成，也可以由多个音节构成。在构成音节的时候，可以连续使用辅音，所以我们往往会发现在英语的音节中会有几个辅音一同出现的情况。对英语的元音来说，存在单元音和复合元音，一般而言，三个以上的元音是由单元音和复合元音共同构成的。

3.汉英声调与语调差异分析

汉语是一种典型的声调语言，其一共包含四种声调。不同的汉字都有着自己的声调，其中也有一些字有不同的读音，在不同的语境下需要使用不同的语调。

英语语调主要有三种，分别是平调、降调和升调。一般而言，英语中的单个单词是不具有语调的，只有在读句子和短语的时候才会涉及语调的问题。在口语中，语调是非常关键的，不同的语调表达的意思不同，对于不同思想以及情感的表达，需要不同的语调来展示，我们可以通过句子语调的变化去判断某个人的说话意图，并且，就算是一个相同的句子，用不同的语调去论述，其表达的意思也会不同。

4.节奏的差异分析

在英语以及汉语中，节奏的表现手段也是不同的，英语注重"重音计时"（stress-timed），但是汉语则更加凸显"音节计时"（syllable-timed）。当然，英语与汉语之间的差别还在于表达技巧的不同，对不同的文体来说，所用的表达技巧也是有差异的。通过深入分析汉英语音体系，就可以让学生尽快摆脱不标准的发音，从而让口语交际能更为顺利地实现。

（五）多元文化背景下英语语音教学策略

在人类的交际活动中，语言是非常重要的。语言的载体是语音，我们日常的交流、贸易活动的开展以及教学环节等都离不开语音，所以，语音是非常重要的，在教学中，应该突出语音的重要地位。

在语音教学中，教师应该了解英汉两种语言在语音上的差异，并且应该对语音进行对比，让学生能更加明确学习的重点。在教学上，也应该采取一定的措施，从而提高教学的质量，减少母语迁移的影响。在语音教学中，学生应该重视练习，从而加强听说能力。

1. 多模仿少讲解

对于语音的教学来说，有一个重要的内容就是注重开展音标的教学，但是对音标的教学来说，其过程是非常枯燥的，学生也觉得音标的学习非常乏味，这就需要教师通过各种方式不断提高学生学习的积极性，从而提升课堂效率。史蒂文斯（Strevens）认为，教学应该让学生多去模仿，并且辅以大量的训练是非常关键的，并且对于学生不明确的地方，教师应该辅以耐心地讲解。"首先，教师应该鼓励学生模仿，不要浪费时间进行解释，在多数情况下，直接的模仿就可以满足需要。在模仿有困难的时候，进行语音训练，利用一些有针对性的语音材料，进行反复操练。"

2. 模仿与训练

在开展语音教学的时候，将单词的发音听准确是非常关键的。胡春洞认为，在开展语音教学的时候应该重视听的重要作用。

在语音的学习过程中，教师在播放听力之初，就应该向学生阐明，在听的时候要在心里进行模仿，同时在听的时候还应该辨别不同的发音，这样就可以不断提高学生的辨音能力。当然，在开展语音教学的时候，仅仅依靠听这种单一的方式是不行的，还应该多进行锻炼，不断训练自己的发音，以求能和录音中的发音相接近。

在开展语音操练的时候，教师也不应该让学生自己训练，长此以往就会降低学生学习的积极性，教师应该采取多样化的训练方式，如可以让全班的同学同时训练某个单词或句子的发音，也可以采取小组重复等方式；在重复某个单词或句子的时候，可以灵活地点名，让学生起来回答；在选择训练次数的时候，可以采取多次重复或三次重复的方式；在训练的时候，也可以改变发音的节奏，让学生以不同的节奏进行练习；教师还可以给学生提供一定的语境，让学生在特定的语境中进行练习；教师还可以借助一些图片，让学生开展语音训练；当学生的训练取得一定成效的时候，可以加大练习的难度，如可以采用绕口令的方式进行语音训练。

3.重视语言的迁移规律,进行语音教学

在开展语音教学的时候,应该明确英汉之间的差异,汉语拼音对英语语音的学习来说,可以产生一定的正迁移的作用,从而促进语音的学习;但是汉语拼音也会对英语语音的学习带来一些负迁移的作用,从而阻碍英语语音的学习。学生在开展学习的时候应该注意这一问题。

4.加强语调教学

语音教学并不是一种短期的活动,而是需要长期坚持的。为了保证学生能够拥有正确的语音,并且以后能顺利地开展交际,教师就应该采取多样化的教学方式,不仅应该重视单音的操练,还应该重视语调的教学。

教师可以让学生多听课文的录音,因为课文的录音是非常标准的。教师也可以选取一些当地人学习语音的材料,这样就可以扩大语音材料的学习范围,同时还能让学生接触到更多的原汁原味的发音方式。在练习方式上,教师可以采取精听与泛听相结合的方式,这样才能让学生的听力能力得到稳步提升。

5.巧用词典,巩固拼读能力

在阅读文章或段落的时候,我们往往会遇到一些单词,但是我们并不知道这些单词的意思,此时我们就可以采取猜测词义的方式让我们的阅读能顺利开展下去。但是我们却无法以同样的方式去猜测语音,因为英语单词的语音拼读并不规则,许多单词也会因为词性的不同而拥有不同的发音,此时我们就应该严谨对待,可以通过使用词典加强学生对语音知识的理解。这样也可以提高学生的词汇量。

二、多元文化背景下的英语词汇教学

(一)英语词汇教学的意义

词汇是构成语言的基本材料,也是我们开展语言活动的基础,对语言的习得来说,其作用是非常重要的。

对于词汇的重要性,英国语言学家威尔金斯(Wilkins)曾经做过如下论述:"没有语法,人们可以表达的事物寥寥无几;而没有词汇,人们则无法表达任何事物"。除了威尔金斯，语言学家哈默（Harmer）也曾经点明自己的想法："如果说结构是语言的骨骼，词汇则是最重要的器官和血肉。如果不运用词汇，即使掌握了语法结构也绝不可能表达任何意思。"

词汇的作用是非常重要的，它是语言得以构筑的基础。如果以盖房子类比的话，词汇就相当于房屋建筑中的材料，可以看出，词汇的重要性是不言而喻的。我们不管是写作还是翻译，都需要以词汇作为基础。如果学生的词汇量大，显然阅读或者写作起来都会更加容易。

很显然，学习词汇有利于促进学生英语水平的提高。一般来说，如果学生拥有较大的词汇量，他们对语言的把握就会更为精准，不仅会拥有地道的表达能力，还会提高他们的交际能力，可以说，学生英语学习差的主要问题就在于其词汇量是缺乏的。

内容贫乏、词不达意、句型单调、交际困难、上下文表达不连贯均源于词汇量的不足。从内容上讲，词汇是我们表达思想观念的载体。词汇贫乏，就有许多概念表达不出来，就无法表情达意，不能有效地进行听、说、读、写等基本的语言活动，也就无法有效地用英语进行交际。由此可见，词汇在英语综合运用能力方面起着至关重要的作用，掌握足够的词汇是成功学好英语的关键。所以，对学生来说，就应该注重词汇的学习。

但是，英语的词汇学习有一个两难的境地，为了让学生更加全面深入地掌握各种词汇知识，所以对其学习来说，最好是有一个循序渐进的过程，这样就能在交际中正常使用。但是对英语的学习来说，非母语者会受到很多因素的制约，那么其学习过程就无法完全模仿母语的学习过程，所以需要在比较短的时间里去学习更多的词汇。

如何协调好词汇学习的速度与深入度之间的关系，如何更快地提高学生学习的效率，提高他们利用词汇的准确度，并增长学生的词汇知识已成为当前英语教学的当务之急。总之，词汇是综合语言运用能力的基础，词汇教学是英语教学的重要环节，词汇教学对提高学生的综合语言运用能力具有特殊的意义。

（二）英语词汇教学的内容

词汇的掌握，应该从意义、用法、词汇信息和策略四个方面入手。

1. 意义

要理解一个单词的意义，一方面要理解其本义和转义，另一方面要理解该词语其他词之间的意义关系，如同义、反义、上下义关系等。

（1）本义与转义

a. 本义

词汇的本义又称"词典意义""所指意义""中心意义"，是指一个词形成时人们赋予它的含义或它所指的事物。作为人类语言交流的基础，词汇的本义一般不发生变化。因此，词的本义是最容易掌握的，如 dog 指"狗"。当然，由于中西方文化的差异，英汉词汇也存在不对等的情况，如在英语中父母的兄弟都叫 uncle，而汉语则有着严格的辈分区分，如"叔叔""伯伯""姑父""舅舅"等。

b. 转义

词汇的转义，即一个词的内涵意义或隐含意义。例如，storm 作为名词的本义为"暴风雨"，其本义无论置于何种语境中均不改变，然而其在不同的语言环境中则会出现转义的情况。请看下面的例句：

They were warned that a frost was coming.

他们已经得到警报，霜冻就要到来。

His dancing took China by storm.

他的舞蹈在中国引起了轰动。

通过分析上面的例子，我们可以看出 storm 的意思并不是唯一的。

总而言之，如果我们想要确定某个英语单词的深层次意思，就应该将其放在特定的语境中去考虑。除此之外，我们在探求某个单词意思的时候还需要将其放在一个固定的语境中去进行探讨。我们以常见的英文单词 dog 来进行分析，dog 的意思是狗。在中国，有很多不好的词语都会和狗联系起来，如"走狗""狐朋狗友"等表达的都是贬义。但是在西方，他们认为狗是人类忠实的伙伴，是忠诚的象征，所以有 top dog 一词，该词表面上说的是"斗胜了的狗"，可以引申为优胜者的意思。

（2）同义、反义、上下义

这里所说的同义关系指的是两个词语在意思上是比较接近的，有些词语尽管拼写上有差异，但是它们表达的意思如果相同，我们也称这两个词之间拥有同义关系。比如，fatherly 与 paternal（父亲般的），give up 与 abandon、cease（放弃）等。

词与词之间还有一些词是呈反义关系的，比如 come 与 go，一个表达的是来的意思，一个表达的是去的意思；还有 up 与 down，一个表达的是上的意思，一个表达的是下的意思，这些单词的词义是完全相反的。

2. 信息

词汇蕴含着丰富的信息，我们可以通过分析词汇的拼写、词汇的发音、词汇的词性等来区分词汇间的差异。

我们要想掌握好词汇，就应该首先掌握好词汇的读音以及拼写，这是掌握词汇的基础。我们在介绍某个词汇的时候，需要将它读出来，所以词汇的读音在教学中是非常重要的。读音可以看作语音教学的内容，但是显然也属于词汇教学的范畴。如果学生对词汇的读音无法做到正确把握的话，就会读错单词，比如 vest 的 west 读音就很类似，如果读错了，就会导致词义的混淆。所以对教师来说，在讲解词汇的时候就要首先讲解词汇的读音。

当然，除了词汇的发音，教师还需要将词音与词形联系起来，这样可以让学生逐步掌握另外一种单词记忆法——"见形知音，因音记形"。在讲解单词 maths 的时候，教师就可以先讲解 a 的读音 /æ/，从而将 /æ/ 与 a 对应起来。

除了上面论述的方面，我们还应该重视词缀的重要作用，词缀主要有前缀和后缀两种。在单词的不同位置添加词缀就可以改变单词的意思或者词性，如 anti- 一般表示的是对立的意思；pre- 一般表示的是前面的意思。给某个单词加上前缀显然可以改变单词的意思。对于 -bility 一般表示动作以及状态等意思，加在单词的后面一般不会改变单词的意思，但是会改变词性。

3. 用法

词汇的用法指的是不同词的用法是不同的，词汇的类型会影响它的具体使用，如一些短句、短语等都是约定俗成、不能随意改变的。在英语的教学中，词汇的搭配也是非常重要的教学内容，如和 decision 搭配的最合适的动词是 make 或者是 take，还有一些单词的后面只能跟名词，如 allow、suggest 等。

从语域的角度出发，不同的单词有不同的适用场所，一些非正式的语言只能用在口语中，而不能用在书面语中。在表达褒义的时候，应该用褒义词，在表达贬义的时候显然不能用褒义词，这些都是需要我们重视的。

4.策略

我们可以依据不同的学习特征,对词汇学习的策略进行分类,一般可以将其分为以下四类。

（1）调控策略

调控策略是元认知策略的一种,涉及词汇学习过程中的计划、反思、评价等各个过程。

（2）资源策略

资源策略与各种学习资源有关,不仅包含课本上的学习资源,还涵盖各种网络上的资源等。通过接触各种不同的资源,可以不断提高学生学习词汇的技巧,增加学生的词汇量。

（3）认知策略

认知策略与完成各种具体任务所采用的方法密切相关,如猜测词义、记录笔记等。

（4）记忆策略

记忆策略是指各种辅助人们进行记忆的方法。我们可以根据词汇构成的不同方式进行单词记忆,也可以根据上下文和不同的分类方式去记忆单词以及词汇。

（三）英语词汇教学的现状

1.教师方面存在的问题

在词汇教学的过程中,教师的作用是极为关键的,并且对教学的效果起着决定性的作用。为了提高我国英语教师的专业能力,就必须对词汇教学中的相关问题进行梳理与思考,具体来说,教师在教学中存在的问题主要有以下几方面。

（1）教学观念错误

在教学中,拥有正确的教学观念是非常重要的,一般而言,教学观念会对词汇教学的设计以及开展等产生重要的影响。但是,从当前的情况来看,还有很多教师的教学观念并不正确,很多教师认为单词的记忆应该由学生在课后完成,所以在授课的时候,他们往往偏重于进行句子以及篇章的讲解,并不注重对词汇的用法进行总结。

在这种教学观念的引导下,学生学习的积极性显然无法得到有效的激发,他们的单词记忆并不是以兴趣为主导的,而多是采用死记硬背的方式去记忆。

教师也没有找到合适的方式辅助学生记忆。教师在教学中可以创设一定的情境，让学生将单词和具体的语境联系起来，从而体会到学习的乐趣。最好不要让学生将单词的记忆看作一种负担，这样会让学生产生厌学的情绪。从这个意义上说，教师转变观念是必需的。

（2）教学主体错位

在我国英语词汇的教学过程中，还有一个问题就是教学主体的错位，对词汇教学来说，其重点应该注重学生智力的开发，同时还应该重视培养学生的创造力以及想象力等各种能力。但是对很多教师来说，他们往往比较看重自己的学习，但是忽略了对学生的培养。

在教学的过程中，教师往往是帮助学生总结规律，但是没有注重学生总结归纳能力的提升。此外，教师也容易忽略学生主体地位的发挥，并且对于自己的角色也没有清晰的认知。教师应该深切地意识到，教师所起的应该是主导的作用，而不是灌输者，在教学的过程中，教师应该使学生的主体地位得到发挥。

教师应该意识到"授人以鱼不如授人以渔"，只有学生自己通过总结掌握了学习的方法，才能在学习的时候达到事半功倍的效果。所以如果教师一味地给学生总结，是无法提高学生的学习效果的。

（3）教学方法单一

对我国的词汇教学来说，教师在教授的时候一般都遵循固定的模式，都是教师先读几遍然后让学生跟读，接着教师就会将一些重点单词的词义进行详细解读，并且会让学生记住这些单词，为了巩固记忆，后续还会有单词听写的环节。

很显然，这种词汇教学的方法让学生处于被动接受的地位，使得教学的过程非常的枯燥，长此以往，就会让学生丧失学习的兴趣。在新的时代背景下，教师应该采用多种多样的教学方法，不断提高教学的实效性，只有这样才能发挥出学生的主体地位，从而提高学生学习词汇的兴趣。

（4）缺少文化间对比

语言有一个非常重要的组成部分——词汇，同时，语言与文化之间的关系也是极为紧密的，所以教师在开展词汇教学的时候也不能忽视词汇背后所蕴含的文化含义。对我国的很多教师来说，他们在教学的时候并没有重视文化间的对比，这就导致学生的词汇学习仅仅浮于表面，并没有形成深刻的认知，也无法探求到其背后所蕴含的文化意义。很显然，这种教育方式是不可取的，会影响学生的语言习得，甚至会导致学生对单词的理解错误。

这就要求教师在讲解单词的时候应该重视文化因素。很显然，对英汉两种语言来说，其背后都有各自不同的文化内涵，它们之间有相同的地方，但是也有差异，所以，在开展词汇教学的时候应该注重词汇背后的文化对比。

（5）忽视词汇的综合运用

我们学习词汇的最终目的是运用，但是在教学的过程中，教师却往往忽略了这个最终的目的，而只重视学生有没有掌握这个单词，拼写的对不对。在这样的教学理念的指引下，师生所重视的仅仅是单词的记忆，但是这与目标之间还是有很大差距的。

随着时间的变化，学生使用词汇的频率是下降的，慢慢地这些单词还是会被遗忘。对学生来说，这些单词尽管在短期内不会遗忘，但是他们并不能结合不同的语境灵活地运用这些单词，所以总体而言，词汇学习的效率是不高的。

为了改变当前的这种现状，教师就应该有意识地提高学生的词汇运用能力，并且应该在教学中做出一定的改变。

（6）教学与生活脱节

传统的词汇教学一般都是按照约定俗成的步骤有序开展的，这就导致教学与生活脱轨。对教学来说，就应该以拓宽学生的视野为最终目的，教师应该运用多种手段不断提高学生学习单词的欲望。所以，在实际的教学中，教师可以多开展一些词汇拓展的训练，并且应该以学生为中心，对学生进行分类，从而更有针对性地开展教学。

（7）忽视教学细节

都说"细节决定成败"，对词汇的教学来说，这个原则也是适用的，一般来说，词汇教学的细节可以体现在以下几个方面。

a. 单词的呈现方式，让学生明确单词以何种方式呈现为佳。呈现方式一般分为两种：口头呈现、文字呈现。

b. 单词的发音是否准确、单词的拼写是否无误、能否合理地解释单词的意思、能否利用单词造句。

c. 对于单词词义的理解是否全面。

d. 能否将单词用英语以及汉语翻译出来。

e. 在授课时是否采用了多种讲授方式，如多媒体演示、有没有进行口头举例等。

f. 教学的时候有没有组织各种活动，如小组活动以及全班活动等。

g. 在教学中应该凸显学生听说的训练。

上面都是教师进行授课的一些细节，对这些细节来说，哪些方面重要、哪些方面不那么重要等都需要教师深入分析。但是，对当前我国的很多教师来说，在开展教学时候并没有形成体系化，而是根据自己的经验进行教学，并没有重视词汇教学中的细节问题，但是往往因为有这些细节，才让课堂呈现出了更佳的效果。在各种各样的教学活动中，教师应该在特定的环境中把握好学生的具体情况，从而选择最为合适的处理方式。

2. 学生方面存在的问题

学生是学习的主体，但是大部分学生在学习单词的时候往往都是采取死记硬背的方式进行单词记忆，所以词汇学习的效果并不好。我们可以看出，英语单词是有着自己独特的结构的，并且其内涵也非常丰富。由于英语和汉语在语言以及文化等方面存在很大的差异，所以一旦无法理解单词背后的内涵，就会导致词义理解的偏差，从而导致交际失误。一般而言，学生在学习词汇的时候应该注意以下几方面的问题。

（1）词汇接触受限

对学生来说，他们学习语言的最重要的场合是学校，所以缺乏相应的外部条件，学生学习词汇是具有很大的局限性的，这导致了学生的词汇量无法得到扩大。

这种现状显然也会对我国的词汇教学产生阻碍，尽管英语课程标准对学生的词汇量提出了不同的要求，但是学生词汇的接触面还是比较小的，很多学生都无法达到课程标准的相关要求。很显然，词汇的掌握量与学生的听力以及口语等活动都是密切相关的，这些都会对学生的成绩产生一定的影响。

针对当前词汇学习的状况，可以从教师和学生两个方面展开努力。对学生来说，应该主动地通过各种渠道去学习英语单词，并争取做到有效记忆。对教师来说，可以在课堂上向学生讲授一些正确记忆单词的方法。通过两方面的努力，就可以不断提高学生词汇的积累量。

需要指出的是，英语词汇的学习与学生的学习主动性密切相关。如果学生真心地想提高英语词汇并提高自己的英语运用能力，那么他就会发挥自己的主动性，更为积极地去学习与记忆词汇，这样，学生的词汇量显然可以逐渐得到扩充。所以，教师应该不断提高学生的注意力，从而让学生了解学习词汇的乐趣。

（2）注重汉语意义

对很多的学生来说，他们在学习英语词汇的时候，往往非常关心该单词所对应的汉语意思，尤其是对初学者来说，这种现象更为明显。此时的学生所掌握的词汇并不多，所以这种记忆方法的弊端还没有完全显露。但是随着他们词汇储备量的增大、学习的不断深入，这种记忆的方式会让学生感觉力不从心，从而影响他们学习的积极性，让他们产生畏难情绪。

所以在记忆单词的时候，学生应该结合具体的语境对词汇的内涵进行深入分析与解读，并且应该摒弃死记硬背的方式。

（3）词汇掌握失衡

不少学生在学习单词的时候，往往只是记住了单词的大概意思，但是没有对其用法进行深入分析，在写作的时候他们无法使用精准的词语，在阅读的时候，也无法根据具体的语境选择合适的意思，这就导致了学与用的脱节。除此之外，许多学生并不重视固定搭配的记忆。

其实这是非常片面的，因为记住固定搭配可以逐步培养学生的语感，不断提高他们的语言技能。在语言的运用过程中，词汇并不是单独出现的，而是会和一些短语、句型等一起搭配出现，所以在学习的时候学生应该对常见的词汇进行记忆，从而逐步提高他们使用语言的能力。

（4）词汇疏于整理

英语的词汇并不是混乱的，其内部也是有一定的构成规律的，但是对当前的英语教材来说，并没有按照一定的词汇系统进行编排，所以就导致了许多学生仅仅死记硬背，没有系统地梳理相关的知识点。

学生需要在学习之余对其进行分类,并总结出相关的规律,同时在日常的学习中,也需要树立分类意识,而不是盲目地乱背单词。这个梳理与总结的过程可以让教师和学生共同来完成。对教师来说,应该转变自己的教学思路,在经过一段时间的教学之后,就应该回顾总结,与学生一起整理词汇,并且划分出重点的单词与句子。

除了上面提到的问题,学生在学习英语的时候还应该注意以下几方面的问题。

a. 逐步提高自己的拼读技巧,从而加快学习词汇的速度。

b. 培养自己的自信心,要相信自己在短时间内是可以掌握大量单词的。

c. 应该逐步培养自己利用拼读规则进行单词记忆的能力,并且也应该注重通过课文朗读加深对词汇的理解。

d. 逐步让自己掌握科学的学习方式,如通过大量的阅读扩大自己的词汇量,通过快速阅读加深自己对单词的理解。

对英语教学而言,其教学条件各异,学生之间也存在很多差异,所以不同的教学会存在不同的问题,这就需要教师根据具体的问题进行有针对性的分析,这样才可以不断提高教学的效果。

(5)缺乏自主学习的意识

在英语学习的过程中,我国的学生还是存在缺乏自主学习意识的情况。在课上他们仅仅是被动听课,在课下进行机械的记忆。从表面上看,学生是在刻苦学习,但是实际上却并没有取得较好的学习效果。从他们的学习态度上来看,其学习的欲望是比较低的,对于词汇的学习也没有倾注太多的热情,所以也不愿意去搜集那些词汇背后的知识。

但是对学生来说,他们学习英语词汇的手段是很多的,线上以及线下的那些方式都可以辅助自己的学习。具体而言,学生可以通过借助各种资源去进行词汇的学习,如图书馆、网络以及多媒体等。除此之外,学生还可以听英文歌曲,从而不断增加自己的词汇量。

(6)重数量轻质量

学生在学习词汇的时候不仅应该重视词汇的数量,还应该重视词汇学习的质量。如果仅仅重视数量,那么就会出现贪多嚼不烂的情况,这是无益于教学的。但是如果仅仅重视教学的质量,但是不注重词汇掌握的数量,也是不可取的。

很显然，在开展教学的时候要做到数量与质量并重，不能忽略其中的任一方面。只有达到质与量并重，才能实现最佳的效果。但是对学生来说，他们往往走入了一个误区，认为单词掌握得越多越好，这严重影响了他们对词汇的深层次理解与运用，可以说，这也是导致学生学习过程中其他问题的根源所在。

（四）英汉词汇的文化差异

词汇是语句的基本构成单位。任何一种语言的词汇都是该国特定文化的直接反映，所以教师就应该在教学时注重词汇文化内涵的分析。

1. 词汇形态特征对比

根据词汇的不同特征，可以将语言分成不同的种类，如孤立语、黏着语、屈折语和多式综合语等。在孤立语中，每个单词仅仅含有一个语素。黏着语和屈折语的词素则不止一个。对综合语来说，它们的词缀是最为丰富的。

汉语也有一些形态成分与综合语比较相似，但是从总体上来说，汉语更加接近孤立语。英语词汇与西方的其他语言相比，更加凸显出了孤立型的特点，但是与汉语相比，则其综合型的特点更加凸显。

现代汉语大部分的词都属于复合词，但是在英语中，复合词与派生词之间的差异并不明显，而汉语中的复合词却是很多的。

2. 构词特点对比

我们可以通过对词语的形态特征进行分析，从而明确英汉词汇的构词差异。

（1）英语词的构成

a. 派生

在英语单词前面或者后面都可以加上词缀，通过加上不同的词缀就可以构成不同的单词，这种构词的方式称为派生。一般而言，在单词前所加的词缀会改变单词的意思，但是在单词后面所加的词缀基本不会改变单词的意思，而是会影响单词的词性。

b. 合成

除了上述加前缀和后缀的方式，还可以将两个或者两个以上的单词合在一起构成一个新词，这个新词就叫合成词。比如，white 和 wash 组合在一起，就可以构成一个新词——whitewash。

c. 转化

英文单词还可以变化自己的词类，从而表达不同的词性，如 calm 可以做形容词解释为平静的，也可以做动词解释为使平静。water 可以做名词解释为水，也可以做动词解释为浇花。

（2）汉语词的构成

a. 派生

在汉语中也有一些词缀，但是这些词缀与英文的词缀不同，并没有什么实际的意义，一般用来表修饰，如可以加前缀的老李、小李；可以加后缀的记者、作家等。

b. 复合

对现代汉语来说，其构词法的主要形式是词根复合，可以将两个或者两个以上的不同词根进行结合。我们可以将由词根复合新形成的单词分为以下几种情况：联合型、动宾型、主谓型以及补充型。

联合型是由两个词根联合构成的，这些词可以是近义词，也可以是反义词，如途径、好恶等。偏正型的单词是由一个词去修饰另一个词，如鲜红、雪白等。补充型是一个词根起到修饰另一个词根的作用，比如立正、缩小等。动宾型是一个词根表示动作，另一个则表示动作所施予的，如动员等。主谓型是一个词根表达主体意思，另一个则主要起修饰的作用，如胆怯等。

c. 重叠

重叠比较好理解，是由两个相同的词汇共同组成的，可以说，重叠是形式变化的一种，一些动词或者形容词等都可以采用重叠的方式，如看看、拜拜等。

通过以上分析我们可以总结出英语的主要构词方式：派生、转化和合成，也可以总结出汉语的主要构词方式：派生、合成以及重叠。英语派生单词可以适用不同词性的单词，但是汉语的派生单词则主要针对名词。

3. 词汇语义的对比

从词汇的意义上来说，英汉两种词汇也存在很大差异，不同的词在语义上表现出了不同的聚合关系，以下即对这些不同的词汇语义场展开分析与对比。

（1）亲属场

在英语中，有很多专属的名词，比如"wife"指的就是某个人的妻子，"husband"专指某个人的丈夫。在中国，有很多的修饰词语来区分结婚双方的亲戚关系，如男方那边的亲属一般会加上修饰词"内"或者是"堂"，如内弟、堂姐；女方那边的亲属一般会加上修饰词"外"或者是"表"，如外甥、表姐。这是由两国不同的社会文化背景所决定的，在西方，他们更加强调自我。

在中国，我们对祖辈人的称呼也是有区别的，如祖母、外祖母，但是英美人却单纯地称其为 grandmother。在汉语中，有伯伯、叔叔以及舅舅等不同的叫法，在英语中则一律称为 uncle。

（2）称呼场

对于称呼，英美国家与中国也有很多的不同，中国人非常注重礼仪，在称呼其他人的时候往往使用非常尊敬的语气。但是英美人对辈分之间的关系看得比较淡漠，所以直呼其名的方式更为常见。

（3）颜色场

有很多人对颜色进行了深入论述，这也是一个非常有意义的探讨范畴。颜色所蕴含的意义是非常丰富的，不仅在中国，在其他国家，颜色词的内涵也非常丰富。

在中国古代，黄色是极为尊贵的一种颜色，只有皇上才可以用黄色，一般的百姓是不允许使用这种颜色的，但是，黄色有时也暗指一些色情的东西。在英语中，黄色则更加趋向于"卑怯的"内涵，但是没有色情的暗示。对于其他的各种颜色，英汉之间也是存在差异的，单从颜色词上，就可以看出英汉词汇间的巨大不同。

（五）多元文化背景下英语词汇教学策略

在多元文化的背景下，要想顺利展开英语词汇教学，就应该注重其中文化意识的融入。

1. 直接讲授法

教师在讲授课文的时候，就可以使用直接讲授的方法，如可以结合教材的内容深入介绍文中出现单词所蕴含的深刻内涵。当讲解 *Myth and legend*（神话与传说）这篇文章的时候，教师就可以向学生渗透一些古希腊或者古罗马的神话故事。

当然，为了让学生对词汇能有更加深入的理解，可以借助一些辅助性的工具进行教学，如通过播放与课文背景相关的录像，让学生对文化背景知识有更为直观的了解。

2. 文化对比法

在讲授词汇文化差异的时候，还可以使用文化对比法，因为只有通过比较，才能更加深刻地意识到两种事物之间的差异。只有通过对比，才能让学生明确英汉语言词汇的差异以及文化的不同，从而让他们深刻理解英语词汇的文化意义。

教师授课时应该将语言与文化结合起来，通过引入文化让学生明确不同单词之间的文化差异。

比如在讲授 lion 时，教师就可以事先准备好相关的视频与图片，这样学生就可以更为直观地感受到这种动物，明确 lion 在西方的地位——百兽之王，从而将其与中国的老虎之间建立联系。很显然，这个单词在中国和英国的内涵是截然不同的。教师在授课的时候采用比较的方法可以加深学生的理解，避免学生犯错。

3. 词源分析法

教师在讲述与典故相关的词汇时，可以采用词源分析的方法，在英汉词汇中，有很多的词都出自典故，如果单纯地看字面意思，就会导致意思理解的失误，所以对于此类词汇教师应该分析其来源，这样也可以帮助学生进行理解与记忆。

不管哪个国家的人，在说话的时候都会引用一些典故，在写作的时候为了增强文章的感染力也会引入一些典故，在词汇教学的时候，就可以结合相关的文学作品对其中的单词进行分析。man Friday 这个词出自《鲁滨孙漂流记》，它的深层次意思是"得力的助手"。

教师在阐述出自典故的词汇的时候，应该分析典故的背景，从而让学生理解其文化内涵。例如：

They have, by this very act, opened a Pandora's box.

他们的这种做法犹如打开了潘多拉的盒子，造成人间的混乱和不幸。

Pandora's box 一词来自希腊神话。相传普罗米修斯偷了天火送给人类，宙斯对此事感到非常愤怒，但是天火已经无法再取回，所以就准备报复人类。他把潘多拉当作礼物送给了普罗米修斯的兄弟，普罗米修斯告诫自己的兄弟不要娶潘多拉，但是他的兄弟不为所动，最终还是娶了潘多拉，当他打开潘多拉送给他的盒子之后，那些灾祸——"罪恶""疾病"等全都飞出来了，给人间带来了灾难。

如果学生在明确了这个典故的背景之后，就很容易理解这个句子了。但是如果学生没有听说过这个典故，就会产生困惑。

4.案例分析法

所谓案例分析法是指教师将那些文化冲突用书面的形式展示给学生，并且学生在阅读之后分析导致冲突的原因以及冲突会引发的后果。

对于学生的论述，教师应该仔细倾听，并且可以从语言、文化以及交际的角度出发去分析案例中的引发冲突的词汇的文化内涵，从而让该冲突的分析过程更有条理。在课后，教师也可以让学生去查阅相关的资料，不断巩固课堂教学的效果，这样也可以加强学生的自主学习能力。

很显然，语言与文化是密不可分的，这就要求教师在教学时应该将文化与英语教学结合起来，更加深入地分析词汇的内涵，减少学生词义理解的误差，从而保证教学目标的顺利达成。

第二节　多元文化背景下的英语听力与英语口语教学研究

一、多元文化背景下的英语听力教学研究

（一）英语听力教学的目标和内容

下面主要以大学英语教学为例，进行英语听力教学研究的论述。

大学英语教学的目标是培养学生的英语应用能力，增强跨文化交际意识和交际能力，同时发展自主学习能力，提高综合文化素养，使他们在学习、生活、社会交往和未来工作中能够有效地使用英语，满足国家、社会、学校

和个人发展的需要。

根据我国现阶段基础教育、高等教育和社会发展的条件，大学英语教学目标分为基础、提高、发展三个等级。在该三级目标体系中，基础目标是针对大多数非英语专业学生的英语学习基本需求确定的，提高目标是针对入学时英语基础较好、英语需求较高的学生确定的，发展目标是根据学校人才培养计划的特殊需要以及部分学有余力学生的多元需求确定的。大学英语教学与高中英语教学相衔接，各高校可以根据实际需要自主确定起始层次，自主选择教学目标。分级目标的安排为课程设置的灵活性和开放性提供了空间，有利于实施满足学校、院系和学生个性化需求的大学英语教学。

1.大学英语听力教学的目标

大学阶段英语听力的三级教学目标如下。

（1）基础目标

能听懂就日常话题展开的简单英语交谈；能基本听懂语速较慢的音频、视频材料和题材熟悉的讲座，掌握中心大意，抓住要点；能听懂用英语讲授的相应级别的英语课程；能听懂与工作岗位相关的常用指令、产品或操作说明等；能运用基本的听力技巧。

（2）提高目标

能听懂一般日常英语谈话和用英语宣读的公告；能基本听懂题材熟悉、篇幅较长、语速中等的英语广播、电视节目和其他音频、视频材料，掌握中心大意，抓住要点和相关细节；能基本听懂用英语讲授的专业课程或与未来工作岗位、工作任务、产品等相关的口头介绍；能较好地运用听力技巧。

（3）发展目标

能听懂英语广播电视节目和主题广泛、题材较为熟悉、语速正常的谈话，掌握中心大意，抓住要点和主要信息；能基本听懂用英语讲授的专业课程、英语讲座和与工作相关的演讲、会谈等；能恰当地运用听力技巧。

2.大学英语听力的教学内容

现阶段的大学英语听力教学一般包括听力知识、听力技能、听力理解和逻辑推理四个方面的内容。

（1）听力知识

听力知识是学生英语听力技能培养与提高的基础，主要包括语音知识、语用知识、策略知识、文化知识等。

　　语音教学是听力教学的重要内容。在实际的交际过程中,同一个句子会在发音、重读、语调等的变化中产生不同的语用含义,表现出交际者不同的交际意图与情感。在听力教学过程中,学生掌握英语的发音、重读、连读、意群和语调等语音知识对学生语音的识别能力和反应能力的提高有积极的促进作用。同时在教学过程中,教师还应对学生进行听音、意群、重读等方面的训练。训练内容既要包括词、句,也要包括段落、文章,使学生熟悉英语的表达习惯、节奏,适应英语语流,从而为学生提高听力理解能力打下坚实的基础。这种训练还能在无形中培养学生的英语思维能力,促进其二语习得能力的提高。

　　语用知识、策略知识、文化知识的科学教学也是提高学习者英语听力的重要手段。其中,语用知识的学习能够帮助学生理解话语内涵,增加对话语的理解程度;策略知识的学习能够帮助学生依据不同的听力材料和听力任务进行策略选择,从而提高听力的针对性;文化知识的学习对学生日后英语跨文化交际有着积极的促进作用,有利于多元文化背景下交际的顺利进行。

（2）听力技能

　　听力技能的教学能够有效提高学生英语听力的科学性与针对性。对技能和技巧的合理运用,能够为跨文化交际水平的提高打下基础。

　　a. 基本听力技能。基本听力技能主要包括以下几项内容。

　　①辨音能力。辨音能力教学指的是使学生了解音位的辨别、语调的辨别、重弱的辨别、意群的辨别、音质的辨别等。这种辨音能力的训练不仅能提高英语听力的有效度,同时对学生理解能力的提高也大有裨益。

　　②交际信息辨别能力。交际信息辨别能力主要包括辨别新信息指示语、例证指示语、话题终止指示语、话轮转换指示语等。交际信息的辨别能够提升听力的有效性和针对性,提高学生对话语的理解效率。

　　③大意理解能力。大意理解能力主要包括理解谈话或独白的主题和意图等。大意理解能力的提高为学生在整体上把握话语内容做好了铺垫。

　　④细节理解能力。细节理解能力是指获取听力内容中具体信息的能力。在英语学习和考试过程中,对细节的理解能力能够帮助学生提升做题的准

确度。

⑤选择注意力。选择注意力是指根据听力的目的和重点选择听力材料中的信息焦点。针对不同的听力材料，进行注意力的选择训练十分重要，这种练习有助于学生把握话题的中心。

⑥记笔记。记笔记技能是指根据听力要求选择适当的笔记记录方式。掌握良好的记笔记技能可以提高英语听力记忆的效果。

教师应该明白，听力水平的提高并不是一朝一夕可以完成的，需要教师循序渐进地进行有针对性的教学。同时，不同的学生有着不同的学习习惯和学习特点，教师需要因材施教，进行特色教学。

b. 听力技巧。听力技巧主要包括猜词义、听关键词及过渡连接词、预测、推断等。掌握正确的听力技巧，可以有效提高听力理解的能力。例如，在与他人交际的时候或听语音材料的时候，学生可以根据上下文或者借助说话者的表情、手势等猜测出生词的含义，从而促使交际顺利进行，或顺利理解语音材料。因此，训练听力技巧的各种听力活动也是听力教学的必要内容。

（3）听力理解

英语听力知识的学习与听力技能的教授是为英语听力理解服务的。语言由于使用目的、交际者等因素的作用会带有不同的语用含义，因此对话语的正确理解成为英语听力教学中的重点和难点。教师在听力理解的教学过程中，应该使学生懂得如何从对字面意义的理解上升到对隐含意义的把握，继而提高英语综合语用能力。具体来说，英语听力理解主要包含以下几个阶段。

a. 辨认。辨认主要包括语音辨认、信息辨认、符号辨认、意图辨认等方面。尽管辨认处于第一个阶段，属于第一层次，却是后面几个阶段开展的重要基础。一旦学生无法辨认听到的内容，那么理解也就无从谈起了。辨认有不同的等级，最初级的辨认是语音辨认，最高级的辨认则是说话者意图的辨认。教师可以通过正误辨认、匹配、勾画等具体方式训练和检验学生的辨别能力，如根据听到的内容给听力材料的句子排序。

b. 分析。分析要求学生能将听到的内容转化到图、表中去。这个阶段要求学生可以在语流中辨别出短语或句型，以此对日常生活中的谈话内容进行大致的理解。

c. 重组。重组要求学生用自己的语言将听到的内容以口头或书面的方式表达出来。

d. 评价与应用。这是听力理解的最后两个阶段，要求学生在前面三个阶段的基础上，能够运用自己的语言对所获得的信息进行评价和应用。在实际教学中，可以通过讨论、辩论、解决问题等活动进行。

以上几个阶段是一个循序渐进的过程。任何级别的听力学习都必须经历由辨认到分析再到评价与应用的一系列过程，然后才能逐步提高。

（4）逻辑推理

除听力知识、听力技能和听力理解以外，语法和逻辑推理知识也是正确判断与理解语言材料的必要条件。因此，现代英语听力教学必须重视对学生语法知识的巩固和逻辑推理的训练。例如，以下四句话都是关于 Marshall 的，学生可以利用自己的语法知识和一定的逻辑推理能力对 Marshall 的职业进行推断。

① Marshall was in the bus on his way to school.

② He was worried about controlling the math class.

③ The teacher should not have asked him to do it.

④ It was not a proper part of the janitor's job.

听到第①句时，学生可能认为 Marshall 是个学生。而从第②句判断，Marshall 应该是教师。但是第③句又推翻了这一判断。直到看到第④句，学生才知道 Marshall 原来是学校的勤杂工。在推断 Marshall 的职业的这个过程中，没有一定的语法基础和逻辑推理能力是无法顺利得出正确结论的。

语感在语言教学过程中发挥着重要的作用，同时也是影响听力效果的关键因素。在英语听力教学过程中，教师应该有意识地培养学生的语感，提高其英语思维能力。

（二）英语听力教学现状

随着科技的进步和全球化的日益发展，非英语国家的英语学习者的听力技能在交流中发挥着越来越重要的作用。因为在听、说、读、写四种语言交流技能中，听是使用最频繁的，而且对语言学习来说，听是交流的基础，它向学习者提供语言输入。因此，听力教学越来越受人们的关注。然而，我国当前的英语听力教学存在着一些问题，影响着英语学习者听力技能的提高。

1. 学生英语听力的学习现状

从学生的角度来讲，学生英语听力水平难以提高一直是我国英语听力教学面临的重要问题。究其原因，主要有以下几点。

（1）英语听力基础薄弱

学生英语听力基础薄弱体现在多个方面。

a. 英语基础功底差。很多学生即使到了大学阶段，所掌握的词汇量、语法仍然十分有限，对语音的识别能力还很欠缺。这些都直接成为听力技能提升的重大障碍。

b. 不良的听力习惯。我国的英语教学具有很强的应试性，这种环境不利于学生养成良好的听力习惯。另外，学生在课外也很少练习听力，从而导致他们的听力技能欠佳。

c. 畏惧听力学习。学习听力是一种综合的语言能力。听力技能的培养涉及理解、概括、逻辑思维、语言交际等能力的培养。但在实际英语听力教学中，很多学生因为跟不上语音材料的语速，且思维缓慢，而不能使听到的语音转化成实际的意义，因而听力效果不佳。也正因为如此，学生对听力学习总是心存畏惧。

（2）缺乏对英语国家文化知识的了解

学生缺乏对英语国家文化知识的了解是听力水平难以提高的重要原因。听力材料中不可避免地会包含一定的文化信息，而学生对英语国家的历史文化、自然地理、风土人情、思维方式、行为习惯等不了解，也就不了解英语国家说话者的价值观念和思维方式，这些都会成为他们在听的过程中的阻碍，严重影响他们对听力材料的理解，甚至会使他们对听力材料产生错误的理解。

（3）对英语听力不够重视

受传统教学模式的误导，有些学校的英语教学不重视学生英语听、说能力的训练，加上教学条件有限，学生对英语听力的学习缺乏有利的环境，致使母语思维一直处于主导地位。而英语和汉语在语音与表达方式上的差别很大，对母语的过度依赖严重影响了学生英语听力的发展。到了大学，学生过低的英语听力水平与过高的课程要求之间的矛盾使学生跟不上教学，英语听力课堂的教学效果也很差。虽然大学校园中有英语广播等节目，但这些资源非常有限，无法被学生普遍、有效地利用，大学生英语听力的学习仍然缺乏必要的语言环境。而在英语听力课堂上，由于学生的听力水平较低，教师不得不大量使用中文进行授课，如此更加强化了消极的思维定式。

（4）受英语四、六级考试的影响

在大学英语听力教学中，学生的心理障碍是影响其听力水平的内部因素。各院校对大学英语四、六级考试的过分重视也使学生对英语听力产生了误解。虽然大学英语四、六级考试听力的比重逐年增加，但是一些学生认为自己听力基础水平差，提高起来费时又费力，不如将时间和精力放在比重更大的阅读理解上，希望单纯依靠阅读理解就能得到合格的分数。

2. 英语教师的听力教学现状

（1）教学模式机械

当前我国英语听力教学多采用"听录音—对答案—教师讲解"的教学模式。这种模式下的听力教学不仅缺乏对学生的有效监督，而且忽视了学生对语篇的整体理解，只是毫无目标地、机械地播放录音，一遍不行再放第二遍、第三遍。教师盲目地教，学生盲目地听，无法产生丝毫听的兴趣，教学效果自然不佳。

（2）缺乏适度引导

在应试教育理念的影响下，英语听力教学也多是围绕考试这根指挥棒而转的。教师大多将教学重点放在如何应付考试上，以考试的方式训练学生的听力，而不对学生做任何引导就直接播放录音。这就很容易使对生词、相关的知识背景等尚不熟悉的学生在听的过程中遇到种种障碍，不仅降低了学生听的质量，而且会使学生产生挫败感，从而对听力学习失去信心和兴趣。

与之相反的是，有的教师总是在播放录音之前对学生进行过多的引导，不仅介绍了生词、句型，还将材料的因果关系等一并介绍给了学生。这样一来，学生即使不仔细听，也可以选出正确答案，这就很难激起学生听的兴趣，听力教学也同样失去了意义。

由此可见，如何对学生进行适度的引导是关系听力教学质量的一个重要问题，太多或太少都会影响教学效果，教师应根据实际情况进行把握。

3.英语听力教学环境现状

（1）课程设置欠佳

我国《大学英语课程教学要求》（以下简称《课程要求》）指出，各高等院校可以根据自身实际情况，按照《课程要求》和本校的大学英语教学目标设计出各自的大学英语课程体系，将各类课程有机结合，确保不同层次的学生在英语应用能力方面得到充分的训练和提高，并明确规定大学英语课程的设计要充分考虑对学生听说能力的培养，并给予足够的学时和学分。

然而，在实际的英语教学中，听力教学并未得到应有的重视，很多院校在英语听力课程的设置方面游走于《课程要求》的边缘，一直压缩听力课程的学分。这主要是因为很多院校只注重专业课而忽视了英语课，在英语课程中也只重视英语精读课而完全没看到英语听力的社会性。此外，还有一些院校在课程改革中将听力课与口语课结合改为听说课，这其实是在稀释听力课本就不多的课时与学分。在这样的情况下，学生的英语听力很难得到提高。

（2）教学评估单一

教学评估对实现教学目标至关重要，是大学英语教学的重要环节。教学评估既是教师保证教学质量、改进教学管理、获取反馈信息的重要依据，同时也是学生改进学习方法、调整学习策略、提高学习效率的有效手段。在我国的大学英语教学中，教学评估一直左右着英语听力教学模式和教学方法的实施。各院校和各级教育行政部门也将大学英语课程教学评估视为本科教学工作评估的重要内容。

但是由于受应试教育思想的深刻影响，教学评估依然以学生的成绩作为唯一的考核标准，很多院校更是以大学英语四、六级考试成绩来衡量学生的学习情况和教师的教学情况。这些都给大学英语听力教学带来了很大的影响。

（3）教材单调，缺乏真实性

目前，我国大学英语听力教材存在的问题主要有两个方面。

a.听力教材过于单调。我国现在的大学英语听力教材仍然是教材外加音频的模式。大学英语听力教学缺乏规范的、与课文录音配套的音像辅助资料，缺少必要的视听设备和科学理论的指导。很多教师只将课文的音频拷贝给学生让学生课后自己练习，但由于缺乏教师的监督和指导，学生往往毫无策略或缺乏自觉性，而教师也无法从学生那里得到任何反馈信息，音频并没有得到很好的利用。另外，这种单调的听力教材使听力课堂气氛沉闷，很容易使学生产生厌倦心理，严重影响了听力教学的课堂教学效果和学生的学习积极性。

b. 听力材料缺乏真实性。我国大学英语听力教学中使用的听力材料大多是由专家整理、改编，再由发音纯正的外国人录制而成的。这种听力材料常被称为"非真实材料"或"人工材料"。非真实材料的语言节奏和发音语调都不太自然，说话没有自然的停顿和开始，也没有快慢的变化，话的内容好像不是说出来的，更像是读出来的，毫无真实语言的特点。学生使用这样的听力材料进行听力训练很难培养在真实语境中交际的能力，听力水平也很难得到提高。

（三）英语听力教学策略

1. 英语听力训练的技巧

（1）利用视觉信息训练听力

在英语听力教学中，教师可利用文字、图片等工具为学生提供一定的视觉信息。尽管听力理解的主要信息是听觉信息，但与听力相关的文字、图表等视觉信息也会给学生的听力理解带来十分有利的帮助。例如，在英语新闻播报过程中，电视屏幕下方显示的新闻关键词对听懂新闻有很大的帮助；同样，与听力内容有关的画面也有助于我们对听力材料的理解。所以，在英语听力教学过程中，教师要积极利用各种方式为学生提供视觉信息，从而帮助学生理解听力内容，提高听力水平。例如：

Max : What kind of fine art do you like?

Laura : Well, I like different kinds.

Max : Any in particular?

Laura : Er, I especially like Chinese folk art.

Max : Wow, that's marvelous!

Laura : I am crazy about Chinese paper-cuts. It is one of the folk arts and traditional decorative arts which China has popularized the most.

Max : What are the subjects of paper-cuts?

Laura : In the past, cutouts came in a wide variety of subjects such as flowers,dragons, gods and fi erce animals.

Max : Do they have special meaning?

Laura : All are symbols of good fortune.

Max : It is said that paper-cuts are usually on red paper.

Laura : Yeah. The subject also depended greatly on the occasion : the shapes of gods for New Years, pine trees and cranes for birthdays (symbols of long life), and folklore of the moon for harvest festivals.

Max : Really? That sounds great!

在听上述材料之前，教师若提供一些剪纸图片给学生，学生就可能猜到听力材料是有关中国传统艺术——剪纸的内容，也就能够唤起大脑中有关该传统艺术的背景知识、常用词汇等来辅助听力理解。

（2）利用听觉信息训练听力

听觉信息主要是指语气和语调。我们知道，同一句话说出的语气、语调不同，语义也可能发生改变。有时，学生可能对听到的内容不太确定，或理解不深，但通过听力材料的语气、语调就能够确定说话人的意图，如喜悦、愤怒、夸张、幽默等。因此，教师可以为学生提供一些带有语气、语调的听力材料，帮助学生将听到的内容和语气、语调结合起来，形成一个个图式，内化到自己的知识体系中，从而有助于日后再遇到这类材料时的听力理解。例如，教师可以为学生朗读《震惊世界的审判》中的一段话，并将其中的语气表达出来。

Today it is the teachers, and tomorrow the magazines, the books, the newspapers.After a while, it is the setting of man against man and creed against creed until we are marching backwards to the glorious age of the sixteenth century when bigots lighted faggots to burn the man who dared to bring any intelligence and enlightenment and culture to the human mind.

这段话的最后包含了一个颇具讽刺意味的反语，通过这个反语的语气，学生就能感受到这篇材料的真实观点以及愤怒的情绪。

（3）利用已有知识训练听力

已有知识不仅包括学生已掌握的语言知识，还包括他们所掌握的常识以及英语国家的文化背景知识，如英语国家的历史、地理、风俗等。一般的生活常识和科普知识与一定的背景知识一样，对学生的听力理解起着重要的作用：一般的生活常识和科普知识可以扩大学生的知识面，拓宽学生的听力范围；一定的背景知识可以使学生克服听力理解中的许多困难。事实上，缺乏足够的背景知识往往会造成不小的听力障碍。因此，在选择听力材料时，教师可适当选取一些本身就带有背景介绍的听力材料，为学生的听力训练减轻困难，同时帮助学生积累这类知识。例如：

When you take a walk in any of the cities in the West, you often see a lot of people walking dogs. It is still true, but the reasons why people keep a dog have changed. In the old days, people used to train dogs to protect themselves against attacks by other beasts, and later they came to realize that a dog was an example.

When people use dogs for hunting, the dogs will not eat what was caught without permission. But now people in the city need not protect themselves against attacks of animals. Why do they keep dogs then? Some people keep dogs to protect themselves from robbery, but the most important reason is for companionship. For a child, a dog is his best friend when he has no friends to play with. For young couples, a dog is their child when they have no children. For old couples, a dog is also their child when their own children have grow n up. So the main reason why people keep dogs has changed from protection to friendship.

根据上述材料，教师可以提出下面这个问题。

What is the most important reason for people in the city to keep dogs now?(　　)

A. For companionship.　　　　　　B. For amusement.

C. For protection against robbery.　　D. For hunting.

学生在做这道选择题时可能会在 A 和 D 之间徘徊不定。这时，根据文中的转折句"……but the most important reason is for companionship"就可以判断，正确答案应该是 A 而不是 D。

2.英语听力训练的途径

英语听力教学效果迟迟得不到提升的一个重要原因就是听力材料的实用性不强，学生对听力材料不感兴趣。对此，教师可采用实用听力法，多给学生听一些与实际生活相关的材料，如通知、电影、新闻等。

（1）听通知

出门在外，我们经常会在车站、机场等地方听到上车、登机、晚点等通知。听懂这些通知对学生日后的外出或旅行十分重要，这类材料也往往能够引起学生的足够重视。因此，教师可以多给学生播放一些通知，教会学生掌握通知中所有的重要细节，帮助学生养成听的习惯。例如：

This is the final call for Air France to Paris, flight number AF814. Any remaining passengers must go immediately to Gate 4 where the flight is now closing. Air France flight number AF814 is closing now at Gate 4。

通过这则通知，学生应该掌握以下信息：Air France to Paris, flight numberAF814, Gate 4, the flight is now closing。

（2）看电影

看电影是学生喜爱的一种娱乐方式。很多经典英语电影是中国学生追捧的对象。对此，教师可将电影应用于听力教学中，选取一些经典的英文无字幕电影，让学生一边看电影一边听电影中的对白。例如：

Jack：Listen, Rose... you're going to get out of here. You're going to go on, and you're going to make lots of babies, and you are going to watch them grow. You're going to die an old... an old lady warm in her bed. Not here. Not this night. Not like this. Do you understand me?

Rose：I can't feel my body.

Jack：Winning that ticket, Rose, was the best thing that ever happened to me.It brought me to you... and I'm thankful for that, Rose. I'm thankful. You must... You must... You must do me this honor... You must promise me that you'll survive that you won't give up no matter what happens, no matter how hopeless. Promise me now, Rose and never let go of that promise.

Rose：I promise.

Jack：Never let go.

Rose：I will never let go, Jack. I'll never let go.

该例是《泰坦尼克号》中的一段经典对白，颇受学生欢迎。为学生播放这段英文对白有助于提高学生听的兴趣和听力理解的效果。

（3）听新闻

新闻题材多种多样，包括大量专业术语，需要丰富的背景知识。因此，听新闻比听通知、电影更难一些，但听新闻有助于学生的英语听力水平上升到一个新的高度。所以，教师应经常为学生播放一些英语新闻，以培养学生听新闻的习惯和爱好。

教师可要求学生在听新闻的过程中，理解整个语篇的大概意思即可，而不必掌握所有细节。这就要求学生能够抓住文本中的关键词。

（四）多元文化背景下的英语听力教学

1. 文化差异给英语听力带来的影响

（1）历史因素对英语听力的影响

听力题目中有这样一句话："The die is cast, we've got no choice but win the game."有的学生虽然大概知道是已没有选择，必须取得胜利，但是对前一句的意思并不理解。这个短语源于公元前49年，罗马执政官庞贝和元老院共谋进攻恺撒时发生的故事。当时恺撒的领地和意大利本部交界处有条河（Rubicon）。恺撒不顾反对意见，悍然率军渡河与庞贝一决高下。在渡河前他说："The die is cast."过河后，他还烧毁了渡船（burn the boats），逼得士兵毫无退路，只好勇往直前，打败了敌人。

就是这样一段历史故事，在英语中留下了几个常见的习语："cross the Rubicon"（渡过鲁比肯河），喻义决定冒重大危险，采取断然行动；"burn one's boats"（烧掉自己的船），表示破釜沉舟的决心；"The die is cast"（骰子已经掷下，木已成舟），预示着事情已成定局，再也不能改变。这几个短语如果仅从字面意思理解就肯定会不知所云，但如果结合历史背景，则不仅容易理解而且记忆起来很方便。

（2）自然环境特征对英语听力的影响

英文中包含很多与海洋相关的习语，例如，"all at sea"（不知所措），"a drop in the ocean"（沧海一粟），"plain sailing"（一帆风顺），"between the devil and deep sea"（进退两难），"While it is fine weather,mend your sail"（未雨绸缪）。这是因为不同的自然环境会对当地的文化造成不同的影响，语言

恰恰包含了这种独特的文化基因。英国作为一个岛国，为了生存，人们经常与恶劣的海洋气候进行抗争。在征服自然的过程中，自然形成了许多与海洋有关的习语。

　　此外，英国强大的航海业和捕鱼业使得大量与 fish 有关的习语相继产生。例如，"big fish"（大亨），"dull fish"（枯燥无味的人），"make fish of one and flesh of another"（比喻厚此薄彼，偏爱一方）。从这个角度来看，很多短语的理解就变得容易多了。在讲解这些知识的同时，学生不仅对语言加深了印象，而且对这个国家的了解也会更进一步。

　　（3）生活常识对英语听力的影响

　　在经典电影《阿甘正传》中，主人公 Forest Gump 曾这样形容他和 Jenny 的关系："We are like beans and carrots." 很多不理解西方饮食文化的人看到这句话会觉得难以理解，为什么两个人会像青豆和胡萝卜？这是因为在西餐中，青豆和胡萝卜总是作为辅菜放在一起，这个表达方式用来形容两人形影不离。

　　2. 多元文化对英语听力教学的启示

　　（1）加强文化背景知识的传授

　　在英语听力教学中，教师在传授语言知识的同时，应注重文化背景知识的传授。文化背景知识的传授应该密切结合实践课，其目的是使学生更加深刻地理解英语，更准确恰当地使用英语。因此，在英语教学流程中，应该根据学生的英语水平和教学内容需要，有计划、有针对性地导入文化背景知识，在提高学生语言能力的同时，丰富学生英语国家文化知识。

　　a. 培养学生的文化意识，增强学生学习兴趣。在课堂教学中，教师不但要传授英语语言知识，还要帮助学生树立正确的思想观念，有意识地培养学生的文化意识。学生必须认识到，背景知识的学习有助于听力水平的提高，因为语言是融合在相关背景知识中的，这些知识有助于预测讲话人会说些什么，并在听的过程中去核对、证实。相关的背景知识既可以增进学生对讲话发生的地点、时间和周围环境的了解，也可以帮助学生熟悉讲话人的年龄、性别以及对一些事物的观点、看法。成功的听力理解取决于语言知识和背景知识的相互作用，这两者缺一不可。除此之外，学生也应该认识到文化背景知识的学习有助于自身文化素质的提高。英语学习的目的不仅是掌握英语语言能力，也是进一步了解西方文化，拓宽知识面。

b. 改变教师的教学观念，提高教师自身素质。要向学生传授文化背景知识，那么教师本身应有强烈的文化意识，重视学习、积累和传授文化背景知识，在平时的课堂中注意将语言与文化相融合，逐步在课堂中向学生介绍英语国家的风土人情，渗透西方文化的背景知识。

在树立正确的教学观念的同时，教师应广泛地阅读与文化背景知识有关的书籍和材料，掌握和了解丰富的文化背景知识，深刻了解中西方文化在不同层次、各个方面的异同。教师只有提高自身的素质和文化修养，才能在课堂上更好地讲解语言知识，在有关文化背景知识的传授中正确引导和教育学生。

c. 精心选择实践性的教材。语言教学与文化背景知识传授相结合，必须有相应的配套教材。选择英语听力教材时，应选择那些包含英语国家文化背景知识介绍的相关材料，既重视东西方文化差异的介绍，又重视词汇文化意义的介绍。在实践中应选用一些真实材料，如可以选用一些国外原版英语教材。某些原版英语教材包含了许多英语国家文化、风俗习惯的内容，可以作为练习听力的好材料。此外，一些西方的电视电影节目具有时效性、实践性和趣味性，是介绍西方文化知识的有效而直观的材料。在听力教学中，可以选取合适的西方电视电影节目的片段作为课堂上的理解材料，同时也可以推荐给学生在课外进行泛听。

d. 采用丰富多彩的教学方式。文化背景知识的传授不应只限于英语课堂上，根据实际情况，教师可要求学生在预习时对相关的文化背景知识进行搜索和学习，并在课后做进一步的了解。在课堂上，应充分利用视频、网络等多媒体资源。教学方式除了传统的"老师讲，学生听"外，还可以采用合作学习的组织方式，让学生分组去收集某方面的文化背景知识并在课堂上做介绍，教师做相应的指导，让学生参与教学，增强学习的兴趣。

在课外，教师应鼓励学生进行广泛的阅读和大量的听力训练，可以向学生推荐富含西方文化内容的书单或视听节目。如有可能，可以举办文化专题讲座，介绍西方节日、跨文化交际原则等。

（2）加强对学生文化意识的培养

在英语听力教学中加强对学生文化意识的培养是很重要的。听力材料的理解不仅依赖于好的英语知识水平，还受到文化因素的影响。很多学生能够听懂英语句子中的单词却不能很好地理解整个句子的含义，其中的一个重要原因就是对材料中所反映的文化不了解。因此培养学生的文化意识很有必要。

在听力教学活动中，教师可以有意识地多选择一些能反映各国文化、风俗习惯的材料，在听力教学中渗透对学生的跨文化意识的培养。课堂上的时间是有限的，教师可以引导学生自己主动探究不同文化之间的差异。在听力教学中，教师可以向学生推荐一些体现不同文化特点的电影。这样的电影既可以帮助学生提高英语听力水平，又可以让学生了解文化差异。英语听力教师还可以在听力课上组织学生听一些反映各国不同文化背景的材料，并将学生分为两组，让学生自己找出所涉及的文化差异的具体体现并写下来，最后看哪一组写得多。

二、多元文化背景下的英语口语教学研究

（一）英语口语教学的目标和内容

下面主要以大学英语教学为例，介绍英语口语教学的目标和内容。

1. 大学英语口语教学的目标

大学阶段英语口语的三级教学目标如下。

（1）基础目标

能就日常话题用英语进行简短但多话轮的交谈；能对一般性事件和物体进行简单的叙述或描述；经准备后能就所熟悉的话题做简短发言；能就学习或与未来工作相关的主题进行简单的讨论。语言表达结构比较清楚，语音、语调、语法等基本符合交际规范，能运用基本的会话技巧。

（2）提高目标

能用英语就一般性话题进行比较流利的会话；能较好地表达个人意见、情感、观点等；能陈述事实、理由和描述事件或物品等；能就熟悉的观点、概念、理论等进行阐述、解释、比较、总结等。语言组织结构清晰，语音、语调基本正确，能较好地运用口头表达与交流技巧。

（3）发展目标

能用英语较为流利、准确地就通用领域或专业领域里一些常见话题进行

对话或讨论；能用简练的语言概括篇幅较长、有一定语言难度的文本或讲话；能在国际会议和专业交流中宣读论文并参加讨论；能参与商务谈判、产品宣传等活动；能恰当地运用口语表达和交流技巧。

2.大学英语口语教学的内容

大学英语口语教学的内容主要包括语音训练、词汇、语法、会话技巧、文化知识等。

（1）语音训练

语音是学习英语口语的基础。语音训练的目标就是掌握正确的语音和语调，包括重读、弱读、连读、音节、意群、停顿等。错误的发音或不同的语调会造成对方理解困难，甚至会使对方产生误解。例如：

A：This movie is meaningless.

B_1：It is.（非常肯定）

B_2：It is.（可以是漫不经心的附和，也可以表示不耐烦）

B_3：It is?（稍带反问口吻，意思是"你怎么会这样认为？"）

根据上述例子可知，语调不同，句子表达的意义也不同。

（2）词汇

词汇是英语学习的基础，无论是英语听力、阅读、口语还是写作都离不开词汇。没有足够的词汇量就没有足够的输出语料，从而就不能进行信息的交流和沟通。词汇是信息的载体，如果没有足够的词汇量，就不能在头脑中形成既定的预制词块，这必然影响英语的输出效率。有效的词汇输入是词汇输出的条件，口语交际功能的实现离不开充足的词汇量作为支撑。在口语教学中应该加强学生词汇量的积累。

（3）语法

语法是单词构成句子的基本法则，要想实现沟通的目的必须构建出符合语法规则的句子。只有句子符合语法规则才可以被听者理解。

词汇是句子含义的载体，语法是句子结构的基础，二者必须有机结合才能实现口语表达的实用性和高效性。

（4）会话技巧

口语教学的最终目的就是用于交际，学习并运用一些会话技巧可以使交际顺利进行。下面就来介绍几种常用的会话技巧。

a. 表达观点。例如：

It seems to me that...

I'd like to point out that...

To be quite frank/perfectly honest,…

b. 获取信息。例如：

Could you tell me...?

I'd like to know...

Got any idea why...?

I wonder whether you could tell me...

c. 承接话题。例如：

To talk to..., I think...

On the subject of/Talking of...

That reminds me of...

d. 转换话题。例如：

Could we move on to the next item?

I think we ought to move on to the problem of...

Just to change the subject for a moment...

e. 征求意见。例如：

What is your opinion/view?

How do you see...?

Have you got any comments on...?

f. 拒绝答复。例如：

It is difficult to say.

It all depends.

I'd rather not say anything about that.

（5）文化知识

在口语交际中，文化知识也十分重要。交际的得体性决定了学生必须掌握一定的文化知识，包括普通的文化规则和不同文化之间的交际规则。这就是说，学生除了要具有扎实的语言基础知识外，还要具备一定的文化知识。

（二）英语口语教学现状

英语口语教学的目的是培养学生运用英语口语进行交际的能力，因此，英语口语教学应将教学重点放在英语口语表达能力的培养上，而不是一味地进行知识的传授。口语表达能力的获得主要依靠教师的指导与学生的练习。就目前来讲，英语口语教学在我国已引起广大专家和学者的关注，英语口语教学改革也取得了一定的进展，但是英语口语教学的现状仍不容乐观，英语口语教学依然面临一些问题。

1.学生的英语口语学习现状

（1）语音不标准，词汇匮乏

受汉语语言环境的影响，语音基础不好的学生有的发音不准，影响了语义的表达；有的带有地方口音，听起来不够地道；有的不能正确使用语调、重音等，直接影响了英语口语语音、语调的标准性。另外，由于缺乏练习，学生往往很难将学到的词汇用在口头表达中，从而造成无话可说或不知如何去说的尴尬。

（2）缺少练习

从学生角度来看，他们已习惯了长期养成的"上课记笔记、下课做练习"的学习模式，在口语学习中处于被动的接受地位。他们往往在没有语境的情况下做大量的练习，没有形成主动参与课堂活动的意识，甚至害怕提问、害怕开口，口头表达能力自然难以提高。

（3）心理压力大，缺乏自信

受应试教育的影响，中学的英语教学多将重点放在了阅读和写作的训练上，而忽视了英语口语的教学。这就使学生即使日后意识到了口语的重要性，也总是心虚、不自信。虽然有些学生的口语能力不像他们想象的那么差，却仍然不愿意开口说英语。即使有一小部分学生愿意做口头交流，也总是带有紧张不安的情绪，担心自己说错被批评、被耻笑。这些负面的情绪和压力对学生口语能力的提高显然十分不利。

2.英语教师的口语教学现状

（1）教学方法滞后

我国的英语口语教学是作为英语整体教学的一部分而出现的，并未被独立出来，因此英语整体教学中存在的问题也直接体现在口语教学上，其中教学方法滞后就是一个重要的问题。在英语口语教学中，教师也习惯性地采用传统的"讲解—练习—运用"的教学模式。这看似体现了教学的规律，实际上却制约了学生说的积极性。在此教学模式下，学生只能被动地接受教师所讲授的词汇和语法知识，在没有语境的情况下做大量机械的替换、造句等练习，根本无法有效地锻炼口语表达能力。

（2）汉语授课

提高英语口语表达能力的一个重要方法就是多听、多说。然而，很多英语教师考虑到学生的英语水平参差不齐，为了使所有学生都能跟得上教学进度，放弃了英语授课，这无疑恶化了英语使用的环境，减少了学生用英语进行交流的机会。另外，为了追赶教学进度，应付大学英语四、六级考试，教师也多用汉语讲授知识点。

（3）教师指导方法欠佳

在英语口语教学中，很多教师在对学生的口语表达进行指导时缺乏科学合理的方法。具体表现在以下几个方面。

a.很多教师在口语教学中使用逐字逐句纠错的方式，这容易使学生产生依赖心理，打击学生学习的积极性。

b.很多教师没有对口语话题提供足够的语言支持，如给学生提供一些必要的词汇、重要句型等。

c.很多教师没有对口语话题进行适当或必要的解释，没有从观念、情感、文化、价值观等方面对话题进行拓展，学生对话题理解不透彻，自然很难进行有意义的互动。

d.很多教师没能从学生的角度出发去指导口语使用策略，如如何根据说话者的意图、语言功能、语境等对口语内容与方式进行组织。

3.英语口语教学环境现状

由于受传统英语教学观念的影响，英语口语教学环境有很多亟待改善之处，具体体现在以下几个方面。

（1）课时严重不足

与阅读、听力和写作相比，口语能力的提高往往需要更长时间的练习，这就意味着教师需要把更多的时间与精力放到口语教学上。然而，目前我国大学英语口语教学并不是一项独立的教学内容，分配给口语的教学时间也难以保证。以高校使用的《新编实用英语综合教程》为例，该教材主要包括五项内容：听、说、读、写、译。每个班级若按45人计算，加上学生参差不齐的英语水平，那么即使分配给口语课每周2个课时，每位学生接受的训练也十分有限。因此可以说，课时不足是英语口语教学的硬伤。

（2）缺乏配套教材

就目前的情况来看，我国适用于非英语专业的大学英语口语教材少之又少。我国大部分院校使用的英语教材或者将口语训练当作听力训练的延展附在听力训练之后，或者直接取消口语训练。而那些处于附属地位的口语练习往往内容简短、系统性差，缺少必要的练习指导与参考答案，其实用性很难得到保证。

此外，市面上的口语教材要么过于简单（只涉及简单日常用语），要么难度太大（涉及一些专业领域），与学生所用的英语教材在难度上难以实现对接，因此这些教材在辅助学生练习口语时的效果并不理想。

（3）口语评估制度欠缺

评估可以检验教学的质量，是教学中不可或缺的重要环节。我国最常使用、影响最大的评估方式就是考试。例如，小学、中学都有相应的期中、期末考试，大学有英语四、六级考试。然而，这些考试多是对学生听力、阅读、写作、翻译技能的检测，而无法考查学生口语学习的质量，而且专门用于检验口语水平的测试少之又少。造成这一现状的原因在于，口语考试的实施与操作都有一定的难度，如口语测试材料难易程度的把握、考试形式的信度与效度等问题等。对此，大学英语四、六级考试委员会在全国部分省市实施了大学英语口语考试，并规定了统一的等级评审标准。显然要想切实提高教师和学生对口语的重视程度，提高口语教和学的质量，仅仅增加大学四、六级口语考试是远远不够的，但大学四、六级口语考试制度的出台对完善英语口语评估制度无疑起到了良好的示范作用。在此指引下，我国将来势必推出更多、更科学的口语评估方式。

综上所述，我国大学英语口语教学的现状令人担忧，某些状况已经成为学生提高英语口语表达能力的障碍，也严重阻碍了大学英语口语教学的有效实施。

（三）英语口语教学策略

1. 创设语言情境教学

语言学习是为了实际的使用，解决实际生活、工作、学习中的问题，因此英语口语教学也应多提供一些真实语境，让学生在具体的、真实的、生动的语境中使用口语。教师应在学生的口语练习中创设多种语言情境，加强语言与情境的紧密结合，使抽象的语言教学具体化、情境化、形象化，更贴近日常生活中的自然交谈。实践证明，在课堂中营造真实的语言情境不仅可以激发学生学习口语的兴趣，还可以使学生更快地掌握口语技能。

创设情境的开展方式有很多，下面介绍其中的两种。

（1）配音

配音活动的开展方式并不是固定的。例如，教师可以先让学生看一段电影或电视片段，再讲解其中的语言要点，讲解完后再播放两遍给学生看，让学生尽量记住里面的对白。然后将电影或电视调至无声，让学生根据记忆为电影配音。除此之外，教师也可以让学生观看一段无声的电影或电视片段，然后让学生发挥想象力为片段配音。这样更有助于激发学生的想象力，调动他们参与的积极性，口语锻炼的效果也会更好。

（2）角色表演

角色表演是一种深受学生喜爱的教学活动，也是情境教学的一种主要手段。操作时，教师可先为学生提供一个具体的情境。例如：

Mary Brown left teaching fifteen years ago in order to devote her time to her family. Now her daughter is old enough to look after herself, and Mary seems to have much more time on her hands, so she is thinking of going back to teaching. She wants to discuss this with her family in order to find out their views and seek their advice.

针对上述情境，教师可划分出以下三个角色，并指定或由学生自行讨论确定各自表演的角色。

Mary Brown：You are interested in your family's attitudes towards your going back to teaching, and you do not want to do anything against their wishes. Decide what to do.

Michael Brown: You are Mary's husband. You think it is a good idea for her to go back to work. Try to convince her to go back and try not to let your father advise her not to.

Mr. Brown Senior: You are Mary's father-in-law. You are not very well, and it is your daughter who has helped you along. You are seriously worried if she goes back to work. Try to find ways to persuade her not to go back to work, without sounding selfish. Try to remind her about the stress of teaching and the importance of her place in the home.

分工完毕后，学生可以自行排练，然后在全班同学面前进行表演。排练和表演期间教师尽量不要干预，如有需要，只做适当指导即可。表演结束后，可先由学生对自己的表演技巧、语言运用等方面发表看法，然后由教师对学生的表演情况进行点评，包括表演中的语言表达失误、语气语调不当等。

这种角色表演有助于增加口语教学的趣味性，降低学生对口语学习的畏惧；有助于将学生从机械、重复、单调的口语练习中解放出来，给学生提供在不同的社会场景里以不同的社会身份来交际的练习机会，因此对口语教学的效果有很大的提升作用。

2. 课堂教学与评价相结合

评价对教学有着指导和促进的作用。通过评价，教师可以及时发现学生学习中的问题，并予以纠正和引导。因此，口语教学不妨将评价和课堂教学融为一体，通过评价来激发学生口语学习的欲望，明晰口语教学的重点，指引口语教学的方向，提高口语教学的效果。

英语口语教学的功能评价方法主要有两种：形成性评价和终结性评价。下面介绍口语的一般评价标准以及这两种评价方法。

（1）口语的一般评价标准

一般而言，英语口语评价应该包括以下四个方面。

a. 语音（pronunciation）。语音的评价标准如下。

0~0.4 分：Frequent phonetic errors and foreign stress and intonation patterns that cause the speaker to be unintelligible.

0.5~1.4 分：Frequent errors and foreign stress and into nation patterns that cause the speaker to be occasionally unintelligible.

1.5~2.4 分：Some consistent phonetic errors and for eign stress and intonation patterns, but the speaker is intelligible.

2.5~3.0 分：Occasional pronunciation errors, but the speaker is always intelligible.

b. 总体可理解度（overall comprehensibility）。总体可理解度的评价标准如下。

0~0.4 分：Overall comprehensibility too low in even the simplest type of speech.

0.5~1.4 分：Generally not comprehensible due to frequent pauses and/or rephrasing, pronunciation errors, limited grasp of vocabulary, and lack of grammatical control.

1.5~2.4 分：Generally comprehensible with some errors in pronunciation,grammar,choice of vocabulary items,or with pauses or occasional rephrasing.

2.5~3.0 分：Completely comprehensible in normal speech, with occasional grammatical or pronunciation errors in very colloquial phrases.

c. 语法（grammar）。语法的评价标准如下。

0~0.4 分：Virtually no grammatical or syntactic control except in simple stock phrases.

0.5~1.4 分：Some control of basic grammatical constructions but with major and/or repeated errors that interfere with intelligibility.

1.5~2.4 分：Generally good control in all constructions, with grammatical errors that do not interfere with overall intelligibility.

2.5~3.0 分：Sporadic minor grammatical errors that could be made inadvertently by native speakers.

d. 流利程度（fluency）。流利程度的评价标准如下。

0~0.4 分：Speech is halt ing and fragmentary or has such a nonnative flow that intelligibility virtually impossible.

0.5~1.4 分：Numerous nonnative pauses and/or nonnative flow that interferes with intelligibility.

1.5~2.4 分：Some nonnative pauses but with a more nearly native flow so that the pauses do not interfere with intelligibility.

2.5~3.0 分：Speech is as smooth and effortless as that of a native speaker.

需要指出的是，以上评价标准并非一成不变，也不一定适用于所有的口语评价，它应随着评价理念、评价内容等的变化而变化。因此，上述评价标准只是一个参考，教师还必须结合实际情况来确定评价的标准。

（2）形成性评价

形成性评价又称过程性评价，是指在教学过程中为了获得有关学生学习的反馈信息，了解学生对所学知识的掌握程度所进行的系统评价，是针对学生的学习行为与能力发展所进行的过程性评价。形成性评价应用于口语教学中，要求教师将课堂教学的功能目标分解成几个阶段性目标，并根据各个阶段目标的特点设计相应的评价活动，然后再将这些评价活动应用于每节课中，每过一段时间就进行一次评价总结，以此来诊断学生是否达成了学习目标。若达成了学习目标，就应给予学生适当的奖励或鼓励；若没有达成学习目标，则需分析原因，以确定或调整下一步的教学行为、教学活动、教学重点等。

（3）终结性评价

终结性评价是一种结果性评价，是在某个相对完整的教学阶段结束后对整个教学目标的实现程度做出的评估（如期末考试），目的在于检查学生的学习是否达到了教学目标。终结性评价的标准必须根据课堂的口语交际能力目标来设计一些应用性的活动。通过评价的结果，学生和教师都能了解过去一段时间口语教学的成果、问题，并在下一阶段的课堂教学中予以纠正。

3. 导入文化背景

语言是文化的载体，语言的使用反映着说话人的文化背景。我国学生由于受根植于内心深处的母语文化的深刻影响，因而在用英语进行口语表达时总会带有汉语思维，很容易导致表达不地道。因此，在英语口语教学中应该将文化和口语教学相结合，利用文化导入的方法来教授英语口语。

（1）文化导入的内容

将文化导入教学之前，教师首先必须明白文化导入的内容是什么。文化对语言的影响和制约主要表现在两个方面：词语意义和话语意义。因此，在英语口语教学中，教师也要从这两个方面来导入英语文化。词语意义的文化导入内容包括词、习语在文化含义上的不等值，字面意义相同的词语在文化上的不同含义，民族文化中特有的事物与概念在词汇语义上的表现。话语意义的文化导入内容包括话题的选择、语码的选择、话语的组织等。

（2）文化导入的方式

文化导入的方式主要有两种。

a. 结合教材导入。教师可以向学生介绍一些与当堂课的教学内容相关的背景知识。例如，在一节关于饮食的口语教学课上，教师可以向学生介绍一些西方的饮食文化，并为学生补充一些相关词汇、常用语句。这种方式是最直接、最自然的导入。

b. 结合多媒体导入。我国学生的英语口语学习有一个极大的不利因素——缺乏大的英语环境。英语环境的缺乏导致学生无法感受英语及英语文化，增加了口语表达的困难。对此，教师可以利用多媒体为学生提供大量的英语文化知识，创设真实的英语情境，使学生身临其境般感受英语及英语文化，增加学生之间的互动交流，从而有效激发学生的学习热情。

（四）多元文化背景下的英语口语教学

1. 文化差异给英语口语带来的影响

（1）词汇等交际文化对英语口语的影响

各种语言除一部分核心词汇外，许多词汇都有特定的文化信息，即"文化内涵词"(culturally loaded words)。这些词会影响学习者对英语的正确使用。比如，"黄色"一词在中文中有淫秽的含义，中国人很容易把"yellow book"理解成"黄色书刊"，殊不知在美国是指黄页电话号码簿，因为美国人是用黄色的纸印刷电话簿的。此外，有些词语的表意也是很丰富的，可谓一词多义。汉语中表达烹饪的词汇有50多个，英语中却只有十几个，所以不能简单地将英汉词汇进行对等。

（2）习语文化差异对英语口语的影响

不论是在中文里，还是在英文中，都蕴含着丰富的习语文化。它们简短生动，是历史文化积淀的产物，不深入了解其文化背景就根本无法理解其真正含义，最典型的莫过于前文已提及的两种文化对待狗这种动物的态度上了。因此，认识习语中的单词，并不代表理解这个习语的意思，想要在英语口语中正确使用习语，必须掌握和习语有关的文化知识。

（3）句式和语篇思维方式的文化差异对英语口语的影响

英语的句式较紧凑，以介词和连词构成的长句居多；而汉语句式则爱用动词，以短句为主。例如，"It is a truth universally acknowledged that a singleman in possession of a good fortune must be in want of a wife." 这句话用汉语来说就是：凡是有钱的单身汉，总想娶个太太，这是一条公认的真理。

从语篇看，英语语篇模式大多为直线型思维，其特点是单刀直入，先提出主张再具体说明。以下面的一段话为例："① Soccer is a very difficult sport. ② A player must be able to run steadily without rest. ③ Sometimes a player must hit the ball with his head. ④ Player must be willing to bang into and be banged into others. ⑤ They must put up with aching feet and some muscles." 英语国家的人说话时总是先在开头点题（在此段话中表现为第①句），然后再具体分析（在此段话中表现为第②③④⑤句）。而汉语语篇则体现出"螺旋式思维"，曲折迂回，先说明理由再提出主张。如果用汉语表达上段话的意思，则为：足球运动员必须能不停奔跑，有时候得用头顶球，并自愿撞别人或被别人撞，必须忍受双脚和肌肉的疼痛，所以，足球运动是一项难度很大的运动。由此可以看出，中文的表述和英文有很大不同。所以与英语国家的人交流时，应注意这两种思维方式的不同，以便更好地沟通。

2. 多元文化对英语口语教学的启示

（1）口语教学需要培养学习者包容的语言态度

英语作为一种语言，非母语使用者的人数大大超过了母语使用者，据估计，使用英语的人数目前已经接近世界总人口的1/4，而学习者的人数更是不可胜数。面对这一现实，从事英语教育或学习的人应充分认识到英语学习的目的已不局限于同英国、美国、加拿大等英语国家的人进行交流，还包括运用英语与来自不同背景的人们进行跨文化交流。所以英语教学面临着双重任务：一是调和、认清英语各文化背景间的不同，以保持国际交流的互通性，也就是教授地道的英语；二是照顾到英语的最大使用者群体，即非母语使用者的社会及心理需求，特别是在口语教学中应增加学生对多元文化语境的感性认识，使其熟悉各种英语文化，培养其开放、包容的语言态度，提高其对多元文化英语的容忍度，帮助其提高跨文化交际的意识和能力。

（2）口语教学需要增加自然语言的输入

英语在多元文化方面的表现首先体现在语言的差异上，在口语训练中需要有所革新，适当增加多元文化语境的能见度，在所选的口语教材中应当增加自然语言的分量。如按照日常场景进行的真实谈话，这些话语含有重复、省略、简化、停顿；世界各地的英语也有不同的口音，甚至含有不合语法规则的成分。要使学生掌握英语中各种各样的自然表达方式，不能只固定采用一套教材或一本教材，而应该添加一些辅助材料，特别是真实的录音材料。因为在现实生活中人们的语言千差万别，口语课的教学内容也应该丰富多样。要让学生听到和习惯各种不同的文化下的口语语境，以增加学生学习的灵活性，适应时代的需求。

（3）口语教学需要提升学生参与度

学习口语的目的是要把英语作为交际工具来使用。当今社会多元文化发展迅速，口语课堂也要随时代而进步，所传授的知识必须与时俱进，适应社会的需要。要让学生拥有将英语作为交际工具的动机，并且对英语国家的文化差异有主动学习和了解的欲望，这样学生学习参与的态度才会是积极主动的，学习效果也会是明显的。教师应从主观上对英语的多元文化有丰富的理解，从自己对英语国家的社会文化认同方面来增强学生学习的积极性，调动学生的参与精神。教师更需要考虑学生将来走出校门能否用到所学的知识，能否真正用所学的知识去交流，所以平常应当给学生讲授一些有实际操作性的知识。

（4）口语教学需要提高师生的文化意识

促使学生对英语国家的文化产生兴趣并培养学生主动学习文化的意识是口语教学的一个重要方面。

教师在授课过程中应该有意识地给学生介绍一些关于不同国家、不同文化之间差异的知识，激发学生的兴趣。例如，教师可以在关于英语口语资料的讲解中给学生提供一些视频资料来直观地体现不同文化在生活中的不同表现。

学习英语就要学习英语国家的文化。在基于文化差异的英语口语教学中，教师需要激发学生的文化意识，只有这样，学生才能习得更加地道的英语。培养学生的英语思维对学生英语水平的提高很有帮助。

第三节 多元文化背景下的英语阅读与英语写作教学研究

一、多元文化背景下的英语阅读教学研究

（一）英语阅读教学的目标和内容

下面主要以大学英语教学为例，进行英语阅读教学研究的论述。

1. 大学英语阅读教学的目标

大学阶段英语阅读的三级教学目标如下。

（1）基础目标

能基本读懂题材熟悉、语言难度中等的英语报刊文章和其他英语材料；能借助词典阅读英语教材和未来工作、生活中常见的应用文和简单的专业资料，掌握中心大意，理解主要事实和有关细节；能根据阅读目的的不同和阅读材料的难易，适当调整阅读速度和方法；能运用基本的阅读技巧。

（2）提高目标

能基本读懂公开发表的英语报刊上一般性题材的文章；能阅读与所学专业相关的综述性文献，或与未来工作相关的说明书、操作手册等材料，理解中心大意、关键信息、文章的篇章结构和隐含意义等；能较好地运用快速阅读技巧阅读篇幅较长、难度中等的材料；能较好地运用常用的阅读策略。

（3）发展目标

能读懂有一定难度的文章，理解主旨大意及细节；能比较顺利地阅读公开发表的英语报刊上的文章，以及与所学专业相关的英语文献和资料，较好地理解其中的逻辑结构和隐含意义等；能对不同阅读材料的内容进行综合分析，形成自己的理解和认识；能恰当地运用阅读技巧。

2. 大学英语阅读教学的内容

无论哪种教学，教学内容都必须以教学目的为出发点。英语阅读教学的目的在于培养学生的阅读能力，使学生能够通过阅读英语材料获取所需信息。

基于这一目的，大学英语阅读教学应包括以下内容：①辨认语言符号，猜测陌生词语的意思和用法；②理解概念及文章的隐含意义；③理解句子言语的交际意义及句子之间的关系，通过衔接词理解文章各部分之间的关系；④辨认语篇指示词语，确定文章语篇的主要观点或主要信息；⑤从支撑细节中理解主题；⑥总结文章的主要信息；⑦培养基本的推理技巧；⑧培养跳读技巧；⑨培养浏览技巧；⑩将信息图表化。

（二）英语阅读教学现状

培养学生的阅读能力是大学英语教学的首要任务之一，也是使学生掌握语言知识、打好语言基础、获取信息的重要渠道，但大学英语教学中也存在着一些问题。

1.学生英语阅读的学习现状

（1）母语思维影响

受母语文化与思维方式的影响，英汉两种语言在遣词造句上存在很大不同。例如，英语的句子中只能有一个谓语动词，动词是句子的中心，受形态变化的约束，并借助一些连接词把句子的其他各个语法成分层层搭架，呈现出由中心向外延扩展的"分岔式"结构。而汉语一般通过多个动词的连用或流水句形式，按照时间的先后顺序和事理推移的方式，把一件件事交代清楚，呈现出一线形的"排调式"结构。

再如，汉语习惯于将次要的描述性信息放在句子的前部，而将重要的信息放在句子的后部。与之相反，英语的表达特点是将重要信息放在句子前部，而将次要信息置于句子的后部。学生如果对汉英句式上的这种差别熟练掌握，在阅读中就可以适当分配注意力，提高阅读的速度和效率。

因此，在英语阅读教学中，教师的教不应仅仅局限在语言知识的讲解上，还应注重对学生进行跨文化的语言思维训练。

（2）阅读习惯不良

阅读习惯对阅读学习有着最直接的影响。每个学生都有自己的阅读习惯，良好的阅读习惯能让学生在短时间内获得最多的或需要的信息，而不良的阅读习惯则会抑制阅读的成效。根据我国学生的阅读现状可以发现，很多学生在阅读时都有着这样那样的坏习惯，如用笔或手指着，一个字一个字地读；读出声来或在心里默读；重复阅读前面读过的内容。

这些坏习惯大大降低了阅读的效率，也严重影响了阅读学习的效果。因此，在教学过程中，教师应及时发现和纠正学生的这些不良习惯，以帮助学生提高阅读和学习的效率。

（3）背景知识欠缺

学生是教学的主体，是影响教学效果的主要因素。因而，学生方面存在的问题很大程度上制约着英语阅读教学的顺利开展。就目前来看，学生背景知识欠缺的问题比较严重。

缺乏必要的背景知识是造成阅读困难的主要原因之一。背景知识是指学生掌握的各种知识，包括语言知识本身、文化背景知识和学生已有的各种生活经历与经验。丰富的英语文化背景知识能促进学生英语阅读能力的提高；反之，背景知识的缺乏则会造成阅读理解的困难。就目前来看，我国学生普遍缺乏对英语文化背景知识的了解，对英语国家的历史、地理、文化等不了解，从而制约了英语阅读教学的顺利开展。例如，对于句子"The eaglealways flew on Friday."的理解。老鹰是美国的国家象征，经常出现在美国的钱币上，由此"eagle"在这里喻指美国钱币。于是我们可以推测这句话是想表达"美国人总是在周五发工资"，而如果将其理解为"老鹰通常在周五飞来"就大错特错了。

所以，学生只有进行广泛阅读，多了解英语国家的背景知识，才能提高阅读速度，保证阅读理解的准确性。

2. 英语教师的英语阅读教学现状

（1）教学机械化，缺乏创新

大学英语教学仍旧采用传统的机械式教学法：课前预习；课中简要概括介绍，解释难点，提出问题；课后记忆。但这种教学方法存在很多的缺陷：学生没有明确的课前预习的目标；课中一直是教师介绍，学生并未参与其中；单纯的理解性练习只能检测学生理解的结果，并不能检测学生的理解能力。

总之，这种缺乏互动式的教学方法必然将学生局限在教师的知识圈中，并不能提高学生群体的世界知识储备和理解技能。

（2）应试教育倾向严重

在我国的英语阅读教学中，还存在着应试教育倾向严重的问题。

教师在阅读教学过程中多注重对应试技巧的讲解，而忽视了学生阅读能力的提高。例如，大学英语四、六级考试皆以笔试为主，尽管对英语教学起到了一定的正面反馈作用，但是在语言的表达上也仅仅是做出判断。并且，在进行各类水平的测试时，如果抓住了其中的几个重点词，问题就可能得到解决，这就使学生的阅读水平局限于粗略理解上，而不能得到真正意义上的提高。

即使有些教师知道应试教育对学生能力的培养具有一定的阻碍作用，但是迫于教学压力和业绩等因素，着实没有精力进行改变，于是陷入进退两难的境地。教师在英语教学中的作用十分重大，这些问题的解决除了需要教师提高自身的专业水平之外，同样需要相关教学部门的支持与协作。

（3）教学观念落后

英语阅读教学目前在教学观念上仍然存在着比较落后的问题。很多教师只重视知识的传授，一味地讲解生词，进行逐词、逐句、逐段的分析，然后讲解答案，而轻视了对学生阅读理解能力的培养，甚至忽视了学生在学习过程中的主体性。阅读作为一种重要的语言技能，其能力的培养对于学生分析、思考和判断能力的提高十分有利，对于提高学生的人文素养、激发学生的学习兴趣、拓宽学生的视野、提高学生的综合语言运用能力也有着重要的意义。教师应该意识到，阅读是学生的主体性的、个性化的行为，教师不能以自己的分析来代替学生的阅读实践。因此，教师必须努力改变英语阅读教学中旧有的观念，多给学生阅读和锻炼的机会，帮助学生提升阅读水平，从而提高阅读教学质量。

3.英语阅读教学环境现状

英语阅读教学是英语教学中一个重要的组成部分，但是目前在教材和课程设计上都存在着许多的问题。首先，阅读教学的目标和计划不够明确，在课时、师资等方面得不到有力的保障，从而影响了阅读教学整体效果的提升。其次，阅读能力的培养是一个循序渐进的过程，在不同的阶段，教材的侧重点不尽相同。例如，小学的教材侧重词汇，中学的教材偏重语法，大学的教材则重视阅读技能的训练。然而在这三个阶段的连贯性方面，阅读教材却没有做到位，缺乏必要的过渡。这些都是英语教师以及相关部门需要注意并改善的问题。

此外，从教材内容上看，入选或入编的主题和篇章的结构性不足，所选社会科学主题、人文科学主题和自然科学主题在量的方面不均衡，主题筛选的广度和深度都有待进一步提高。教材的这种编写方式，缺乏与学生生活的联系性，因此学生对其学习的兴趣不高。

（三）英语阅读教学策略

1. 设置阅读前活动

设置阅读前的活动十分必要，因为它可使学生在短时间内了解所要阅读的材料的相关信息，激活有关话题的背景知识，使学生尽快进入文章角色，激发阅读的兴趣，为下一步的阅读打好基础。下面具体介绍几种设置方法。

（1）清除障碍

在造成学生阅读困难的因素中，词汇无疑是最重要的一个，因此教师有必要在阅读教学的过程中通过对话、故事、图片等形式向学生灌输词汇，帮助学生扫除词汇障碍，从而更好地阅读。教师还可以指导学生进行课前预习，并适当布置一些预习题，这样不仅可以使学生明确预习的目标，做到有的放矢，还可以培养学生的自主学习能力和自主学习习惯，同时能为课堂教学的顺利进行做好心理和知识的准备。除此之外，这种具有针对性的预习还可以增加课堂的容量，加快教学的节奏，使学生在有限的时间里学到更多的知识。

（2）以旧引新

以旧引新是指以旧的（已学的）语法知识来引出新的（将学的）语法知识。在具体的教学过程中，有时一种语法会出现在几个单元中，所以教师应依据这一特点，在教授时不断地、重复地提及这一语法，以增强学生的记忆。在学生学习英语的过程中，语法的难度是呈递进趋势的，因此教师在教授给学生新的语法时，可结合旧的语法知识，通过旧的语法知识引出新的语法知识，从而实现知识的再现和滚动。

（3）了解背景知识

学习一门语言不只是学习这门语言的词汇、语法、句子等，还要学习这门语言所承载的文化。因此，在阅读前的活动中，教师有必要向学生介绍一些与文章有关的社会文化背景知识，这样不仅能使学生更好地了解阅读的内容，还能激发学生的阅读兴趣，提高学生学习的主动性。例如，在教授与 Easter 有关的课文时，教师可以在课前准备一些相关资料，然后展示给学生，并与学生进行相关的讨论,以唤起学生已有的知识和生活经验,激发学生的学习兴趣。

(4)预测情节

有效地预测情节可促使阅读顺利地完成。所以,教师可在课前指导学生根据题目或一些关键词大胆地想象、预测故事的情节,从而激发学生的好奇心,调动学生阅读的积极性。有针对性地预测情节不仅可以巩固学生已有的知识,还可以培养学生的逻辑推理能力,从而有助于学生准确把握文章的主旨。在具体的教学过程中,教师可依据文章的题目(题目通常是文章中心的体现)来引导学生去预测课文的内容,不论预测的内容正确与否,对理解文章的内容都有帮助。此外,教师还可以指导学生依据关键词来预测文章内容,从而充分发挥学生的想象力,提高学生的阅读能力。

2. 设置阅读中活动

阅读的方法主要包含以下几种。

(1)略读

略读(跳读)实际上是一种以尽可能快的速度粗读全文,获取文章主题大意的阅读方法。所以,略读可以称得上一种选择性阅读。略读不要求逐词逐句地阅读,只需选读每段的首尾句,有时只要指出段落的主题句、抓住阐述主题的主要事实或细节即可。在采用这种方法进行阅读时,学生可以有意识地略过一些词语、句子,甚至段落,对于一些细节或例子则无须关注。

略读是需要技巧的,在这里我们重点介绍以下几种。

a. 注重文章的正标题、小标题、黑体字、斜体字以及画线部分。文章的正标题常常是文章内容的宗旨,利用正标题常能预测文章的主旨大意;小标题是各部分内容的概括和浓缩;黑体字、斜体字和画线部分则提醒学生这一部分有很重要的信息。所以,在阅读过程中有必要对文章的正标题、小标题、黑体字、斜体字以及画线部分加以注意。

b. 重点阅读文章的首尾段以及段落的首尾句。文章是由段落组成的,段落是由句子构成的,这些逻辑关系之间存在一定的章法。往往许多文章的第一段是对全文主要内容的概述,而最后一段是结论。段落的首句也往往是主题句,而尾句常常是结论句。所以,重点阅读文章的首尾段以及段落的首尾句有助于快速抓住文章的中心和重点。

c. 留意关键词语。关键词可以反映在特定的场景下谈论的话题的内容，而且大多同文章的主题有关，利用关键词可以推测文章的主题。

d. 重视关联词语。英语中常见的表示逻辑关系的关联词语可以有效帮助学生预测上下文的关系，预测和判断作者的观点和思路，所以在阅读过程中要对关联词有足够的重视。

下面通过两个例子来对略读做进一步的解释。

Although we may not realize it, when we talk with others we make ourselves understood not just by words. We send messages to the people around us also by our expressions and body movements. A smile and handshake show welcome. Waving one's hand is to say "Goodbye." Nodding the head means agreement, while shaking it means disagreement. These gestures are accepted both by Chinese and English speakers as having the same meanings.

When one uses a foreign language, it is important to know the meanings of gestures and movements in the foreign country.

Using body language in a correct way will help communicate with people and make the stay in a foreign country easy and comfortable.

不难看出，文章的首段和末段是文章的主旨所在，即人们在交流时除了使用口头语言外，还使用体态语。在与外国人交流时，应注意各国手势的含义。

China could save 10 million tons of grain a year if more attention were paid to the control of crop killer insects, a senior agricultural scientist said. He also warned that plant diseases and migratory locusts, which had been controlled for years, are spreading again.

He said China loses 15 million tons of grain a year as a result of damage done by plant diseases and insects. But if crops were better protected, at least 10 million tons of the lost grain could be saved. He calls for setting up a national consultative office in charge of biological control. Biological control is now used on slightly more than 10percent of farmland of the country.

1. What make China lose a large number of tons of grain every year?（ ）

A. Crop killer insects.

B. Any kinds of insects.

C. Asian migratory locusts.

D. Plan t diseases and insects.

2. What is the scientist's warning?（　　）

A. China loses 15 million tons of grain a year.

B. Crops should be better protected.

C. There are more and more plant diseases and insects.

D. Locusts are out of control.

根据上述略读的步骤，我们可以轻松地得出两题的正确答案：D 和 D。

（2）寻找主题句

理解文章的关键是确定文章的主题思想，而要想确定主题思想，首先要确定主题句。文章的中心思想（也就是作者的基本思路）往往是通过主题句表现出来的。所以，寻找主题句对文章中心思想的确定、文章的理解至关重要。主题句往往是对文章大意的概括，句子结构较为简单。主题句的位置非常灵活，通常有以下几种情况。

a. 主题句在段首。一般作者在写文章时会先引出一个话题，然后针对这一话题展开详细的论述，所以主题句常出现在段首。而且将主题句置于段首开门见山、一目了然，也最容易被读者把握。例如：

In a number of ways, community college is making it easier for older students to attend college. For example, the college now offers courses on Saturdays. Classes on those days appeal to those students who, because of work or family responsibilities, cannot enroll in courses during the week. In addition, many departments in the college have begun to offer credits for life experience, so students with the work needing to travel outside their cities or their countries can complete their degrees more quickly. Finally, the president of this college has announced that the students would attend classes if they had a pleasant and safe place to leave their children.

通过阅读不难发现，以上文章的段首就是文章的主题句，其分述部分由信号词 "for example" 引出，叙述连贯，条理清晰。

b. 主题句在段尾。主题句位于段尾的情况也十分常见，此时的主题句通常是对上文的总结，或是对上文的描述提出的建议。例如：

We now have, as a result of modern communication, hundreds of words flung at us daily. We are constantly being talked at by teachers, preachers, salesmen, public officials, and motion-picture sound tracks. The cries of advertisers pursue us into our very homes, thanks to the radio, and in some houses the radio is never turned off from morning to night. Daily the newsboy brings us in large cities, from thirty to fifty enormous pages of print, and almost three times that amount on Sunday. We go out and get more words at bookstores and libraries. Words fill our lives.

通读上文不难看出，文章的最后一句"Words fill our lives."（词语充斥着我们的生活）为这段文章的主题句。

c. 主题句同时位于段首和段尾。主题句同时位于段首和段尾就是文章主旨在段首和段尾同时概括出来，这种情况在文章中最为常见。但此时段尾的主题句并非只是对段首主题句的重复，而是对段首主题句的进一步引申和呼应，而且多数情况下两者在用词和句型结构方面也存在差别。例如：

Good manners are important in all countries, but ways of expressing good manners are different from country to country. Americans eat with knives and forks, Japanese eat with chopsticks. Americans say "Hi" when they meet, Japanese bow. Many American men open doors for women, Japanese men do not. On the surface, it appears that good manners in America are not good manners in Japan, and in a way this is true. But in any country, the manners that are important are those involving one person's behavior toward another person. In all countries it is good manners to behave considerately toward others and bad manners not to. It is only the way of behaving politely that differs from country to country.

文章的首句"礼貌在所有国家都很重要，但是各国表达礼貌的方式却不相同"直接突出中心，点明了主题。随后，又列举了美国人和日本人在礼节上表达方式的不同，紧接着逻辑连词"but"所引导的句子总结了所述细节，进而引出总结性的句子。我们可以发现，尽管段首和段尾所表达的思想一致，但用词和结构却存在差异。

d. 主题句在段中。主题句位于段落中间的情况也是有的，此时主题句之前的句子多为主题句的铺垫，目的是引出要论述的主题，而主题句之后的段落则是对主题的进一步阐述，以引申主题。例如：

A port is a place where ships stay when they are not sailing. Ships usually load or unload at a port. So a spaceport is a place where "spaceships" stay when they are not flying. It has special buildings where the spaceships are kept. It also has supplies needed for space travel.

段首的"港口是船不航行时停留的地方"并不是段落的主题句，该句目的是引出主题句"So a spaceport is a place where 'spaceships' stay when they arenot flying."（宇航港是宇宙飞船不飞行时停留的地方），其后的内容是对主题的进一步阐述和引申。

e. 主题句暗含于段落之间。在有些文章中，尤其是多段文章中，无论是在段首、段尾还是段中，我们都很难找到明显的主题句，实际上这类文章的主题句融入了段落之中，需要我们捕捉文章细节，自己概括文章大意。例如：

Early in the 18th century, Captain Cook, a very famous world explorer, saw an unusual animal accidentally during his first visit to Australia. The animal had a large mouse-like head and jumped alone on his large legs. To his great surprise,the unusual animal raising its young in a special pocket of flesh, Cook pointed to the animal that was eating grass in the distance and asked his native guide saying, "What's the name of the animal eating over there?" The guide appeared puzzled and finally said. "Kangaroo." Which Cook carefully noted in his notebook. The Europeans who later came to Australia were anxious to see what a kangaroo looked like but their requests were always met with puzzled looks. They soon discovered that the native who had answered Cook's questions really meant, "I don't know what you're pointing at". Funnily enough, the name "kangaroo" stuck and is still in use today.

不难看出，上述描写均为细节描写，没有明显的句子可以作为段落的主题句。但通读全文，结合细节信息，不难概括出文章的中心思想："Some words have funny and strange origins."（许多单词有着有趣的和奇特的来源）。

（四）多元文化背景下的英语阅读教学

1. 文化差异给阅读带来的影响

文化差异在很大程度上决定了语言的差异，从而影响着学生对阅读材料的理解。

（1）联想意义中的文化差异

由于中西方文化渊源不同，人们对同一事物的理解各不相同。此处沿用前文关于"dragon"（龙）这个词给西方人和中国人引起不同的心理反应的例子。如果对一位英国朋友说"I wish your son to be a dragon."，这位朋友一定会不高兴。同一篇文章，不同文化背景的人也会读出不同的感受。例如，《新视界大学英语》第三册课文"Here Be Dragons"中的结尾段"Fairy tales do not tell children the dragons exist. Children already know that dragons exist. Fairy tales tell children the dragons can be killed."，对于不了解西方龙文化的中国学生就很难理解，弄不清楚为什么童话故事要向孩子灌输作为吉祥象征的龙可以被杀死的观点。

（2）句子层面的文化差异

文化障碍不仅存在于丰富的词汇层面上，而且存在于句子层面上，包括典故、习语和谚语。句子蕴含的文化差异给外族人对句子的理解造成障碍。习语是文化的一部分，英语丰富的习语活跃在英语文化圈内，给中国学生的阅读带来了障碍。《新视界大学英语》第一册第六单元里有一篇课文便使用了大量的习语。

例如，句子"She can talk the hind leg off a donkey."中的"talk"为不及物动词，后面本来不直接加宾语，故乍看较难理解。但知道这是习语的人就很容易理解此句，意思是"她一直不停地说，以至于驴子的后腿都掉下来了"，所以可以将此句意译为"只要她一开口，就滔滔不绝"。

又如，"The world was my oyster..."这个习语大概的意思是"对我来说，生活中充满着无限的机遇"或者"在这个世界里，我可以做任何事情（或许能在牡蛎中找到珍珠）"，因而可以意译为"整个世界就是我的盘中餐"。

再如，句子"She taught me a particular brand on sense'pull your socks up'…"中的习语"pull your socks up"的意思是"力图把工作做得更好"或者"好好干活"。

（3）成语典故中的文化背景

语言不仅是文化的重要组成部分，也是文化的载体。每种语言都是一个国家和地区文化发展的产物，都有其悠久的历史背景和丰富的文化内涵。每个国家和地区都有其独特的发展历史、生态环境、民情风俗等，因此每种语言都承载着文化的特定词汇、成语典故等，导致非母语学习者理解时常常会遇到障碍。例如，某单元的主题是人与动物，仅仅就权利意识的增长和运用法律手段来保护动物免受人类虐待这一主题来说，本身就有一定的难度。而且，课文中还涉及了有关动物的成语典故和表达方式。

例如，句子"She let the cat out of the bag when she told every one about Mum's party."中的"let the cat out of the bag"便源自一个成语故事：旧时，美国纽约州的农民把猪放在袋子里卖，但因为猫不如猪值钱，于是有时不诚实的人会试图把猫装在袋子里当猪卖。买的人如果不打开看就会上当受骗，而有时猫也会从松开的袋子里钻出来露出真相从而毁掉买卖，所以"let the cat out of the bag"是指"无意中泄露真相"的意思。

又如，句子"A little bird told me it's your birthday today!"中的"A little bird told me"的意思是"我通过一个我不想告诉你的线索得到信息"，这个习语的由来是鸟类很久以来就被认为和送信有关。

再如，句子"My cousin is the black sheep of the family and nobody likes totalk about him."中的"the black sheep of the family"的意思是家族中最糟糕、最不受尊重、表现最差的成员，即家族中的"败家子"。因为基因突变，哪怕是在一群白羊中偶尔也会生出黑羊来，但这并不是人们所希望的，因为白羊的羊毛可以被染成各种各样的颜色，而黑羊的毛无法被染色，所以这只黑羊会被当成怪物和麻烦。

2. 多元文化对英语阅读教学的启示

（1）因材施教

不同的学生有着不同的个性、学习习惯和语言水平。在当前以学生为主体的教学理念指导下，英语阅读教学必须按照因材施教的方式进行。这就要求教师要选择合适的教学方法满足不同水平、不同目标的学生的特殊需求，使每个学生都能得到阅读技能的提升。具体来说，教师需要注意以下两个方面。

a. 对于阅读能力较差的学生，教师应选择较容易理解的阅读材料（如短小的故事等），设计相对简单的问题。当学生正确回答问题时，就会产生成功的喜悦感，同时找到学习的自信和乐趣，从而以更大的热情投入阅读学习。

b. 对于阅读能力较强的学生，教师可选择具有挑战性的阅读材料（如世界名著、期刊等），同时布置一些富有挑战性的任务，让学生在开阔视野、增长见识的同时挑战新的高度，从而达到更高的水平。

（2）多样化

多样化包括两个方面：导入内容的多样化和导入形式的多样化。

a. 导入内容的多样化。导入内容的多样化要求教师做到以下两点。

所选材料应经常变换体裁，而不应局限于一种体裁。这样才能满足学生的多样化需求，使学生熟悉各种体裁文章的不同行文特点，从而提高阅读理解的准确性。

所选材料不应局限于某一类主题，而应经常变换题材。这样才能增加学生的不同文化知识，以提高阅读理解水平。

b. 导入形式的多样化。导入形式的多样化要求教师做到以下两点。

根据实际情况，运用比较、融入、注释、体验等多种方法导入相关文化知识。

通过图片、视频、音频等材料来对某一个文化现象进行解释和说明，从而让学生从真实的文化环境中了解与掌握语言所承载的文化内涵，体验英语国家的文化。

需要注意的是，作为教学活动的引导者和组织者，教师担当着文化传承的角色。因此，教师除了要在文化导入过程中注意上述几个方面外，更要在课堂内外不断加强自身的文化素养，并能在阅读教学过程中融入相关的文化背景知识和内容，讲授语言深层的文化内涵。

（3）运用多种方法导入文化

a. 差异对比。英汉文化差异巨大，关于这些差异的对比无论是从方法上来说，还是从内容上来讲，都有助于调动和培养学生学习的兴趣。

通过对比英汉两种文化之间的差异，教师要让学生明白不同的语言以及语言背后不同的文化，了解不同的语言有着不同的习惯表达方式。通过这种文化差异的对比，增强学生的文化感悟力。需要注意的是，文化差异的比较不应局限于课本所提供的材料,就课文讲课文,而应透过语言看文化,通过课本提供的语言材料了解与把握其中所蕴含的民族文化语义,使枯燥无味的词语讲解和篇章结构分析变得生动活泼、有滋有味,这样才能最大限度地激发学生的学习兴趣,使学生既能学到英语语言知识,又能领略英语国家的文化。

b. 教师介绍。教师介绍是学生获得相关英语文化知识的重要途径,因此教师应该充分发挥自己的作用,在英语阅读教学中通过介绍和讲解导入文化知识。在阅读理解课堂教学中,教师可以结合教材,有计划地安排一些专题,介绍英语国家文化背景知识。例如,可以安排英语国家历史文化专题、价值观专题、风格习惯专题等讲座,介绍和讲解英语国家的文化背景知识,从而使学生对英语国家的文化背景知识有一个比较系统的认识。

c. 课外阅读。英语阅读教学不应该仅仅局限于课堂教学。课堂教学的时间毕竟是有限的,教师应该引导学生充分利用课外时间阅读,接触更多的英语文化知识。教师可以向学生推荐一些有关英语国家文化知识的书籍,包括小说、杂志、报纸等,鼓励学生通过广泛阅读不断增加、积累英语国家的文化背景知识。

d. 角色扮演。在阅读教学中,教师可以紧密结合教学内容,根据日常生活中的交往习俗,按照不同的功能,如打招呼、问路、购物等,设计相关的情境,让学生分角色扮演,对所设计的情境进行演绎,从而增强学生的学习兴趣,刺激学生对课堂学习的参与性,并提高学生对文化知识的实际运用能力。

(4)循序渐进

由于学生的语言水平参差不齐,在阅读教学的基础阶段,教师在选择导入内容时不能一上来就选择那些较难理解的文化知识,而应按照循序渐进的方式,由浅入深、由简单到复杂逐步导入相关的文化知识和内容。此外,教师在导入英语国家的文化背景知识时,应尽量选择那些与学生的生活密切相关的内容,或想办法将要导入的内容与学生的生活联系起来,这样才能更好地激发学生学习英语的兴趣和热情。

(5)关联性

所谓关联性,即要求阅读教学中导入的文化知识应以与材料主题、文章作者、写作背景等相关的文化背景知识为主。因为这些信息往往影响着文章的写作，继而也就影响了学生对语篇的理解。因此，教师在阅读教学中导入文化知识时，一定要对此给予足够的重视，从而帮助学生更准确、深刻地理解所读材料。

需要指出的是，关联性原则虽然要求教师在阅读教学中应包含背景知识讲解，但这必须在不影响材料本身讲授的基础上开展，文化导入应占据适当的比例，不能喧宾夺主，最终将阅读课变成文化课。在此前提下，教师还应进一步保证所导入的文化背景知识的基础性、相关性和必要性。

二、多元文化背景下的英语写作教学研究

（一）英语写作教学的目标和内容

下面主要以大学英语教学为例，进行英语写作教学研究的论述。

1. 大学英语写作教学的目标

大学阶段英语写作教学的三级目标如下。

（1）基础目标

能用英语描述个人经历、观感、情感和发生的事件等；能写常见的应用文；能就一般性话题或提纲以短文的形式展开简短的讨论、解释、说明等；语言结构基本完整，中心思想明确，用词较为恰当，语意连贯；能运用基本的写作技巧。

（2）提高目标

能用英语就一般性的主题表达个人观点；能撰写所学专业论文的英文摘要和英语小论文；能描述各种图表；能用英语对未来所从事的工作或岗位职能、业务、产品等进行简要的书面介绍；语言表达内容完整，观点明确，条理清楚，语句通顺；能较好地运用常用的书面表达与交流技巧。

（3）发展目标

能以书面英语形式比较自如地表达个人的观点；能就广泛的社会、文化主题写出有一定思想深度的说明文和议论文，就专业话题撰写简短报告或论文，思想表达清楚，内容丰富，文章结构清晰，逻辑性较强；能对从不同来源获得的信息进行归纳，写出大纲、总结或摘要，并重现其中的论述和理由；能以适当的格式和文体撰写商务信函、简讯、备忘录等；能恰当地运用写作技巧。

2. 大学英语写作教学的内容

英语写作其实是把清晰严密的思维以"论点+论据"的形式表现出来，是一种英语综合能力的体现，包含对语言的逻辑分析、组织、运用的各项能力。具体来说，大学英语写作教学的内容如下。

（1）发现论点

主要知识点：主题句的位置与构成，主题句的写作要求。

能力培养要求：让学生了解什么是主题句怎么写出合格的主题句。

（2）开头与结尾段落的写作

主要知识点：开头与结尾段落的主要写作手法。

能力培养要求：让学生了解如何写作文的开头与结尾。

（3）写作过程

主要知识点：构思的主要方法，如自由写作、提问、草拟提纲等；修改的步骤。

能力培养要求：让学生明白好的作文开始于好的构思，以及修改作文的必要性与具体步骤。

（4）段落一致性

主要知识点：具体细节与恰当细节的体现。

能力培养要求：使学生学会用具体论据支持论点。

（5）段落的连贯与过渡

主要知识点：组织论据的常用方法，如时间顺序、举例、因果、对比、定义、分类等；过渡词以及其他连接手段（如重复、代词、近义词）的应用。

能力培养要求：让学生了解如何组织、连接论据来支持论点。

（6）遣词造句

主要知识点：学习排比、前后一致、用词简洁而具体、变换句型；修改作文的主谓不一致、悬垂修饰语、修饰语错位、破句、粘连句等错误。

能力培养要求：通过对遣词造句技巧的介绍，让学生学会在写作中正确地选词、用词，并能构建形式、结构多样的英语句子。

（二）英语写作教学现状

英语写作能力是英语语言能力的一个重要组成部分，但长期以来，我国学生的英语写作能力一直没有得到有效提高。在全国大学英语四、六级考试中，学生听和读的成绩在近年来都有较明显的进步，但写作成绩少有改善。下面就形成这种现状的原因分别进行说明。

1. 学生的英语写作学习现状

（1）思想认识方面

我国英语写作教学中还普遍存在教师既不愿意"教"，学生也不愿意"学"的问题。从学生角度看，由于写作涉及语言和内容两个方面，存在语言表达困难、缺少及时反馈等问题。而如果学生得不到及时、有针对性的反馈，便会进一步挫伤其提高英语写作能力的积极性。

（2）重模仿、轻创作

重模仿、轻创作是我国学生英语写作的一大弊病。尽管模仿是写作教学的起始状态，也是写作学习的必经阶段，更对我国学生（尤其是初学英语写作的学生）学习写作起到了促进作用，但模仿并非写作的最终状态。它虽然能够提高学生写作学习的效率，但并不利于学生写作能力的持续提高。因为写作不仅是个体的一种心智行为，更是一种创造的过程。从构思、行文到修改，写作过程始终体现着作者的个性特点与独立思考能力。写作过程中的意义和价值都是由学生创造而来的，一味地模仿必然抑制学生的写作积极性与主动性，进而影响学生写作的动机和兴趣。

2. 英语教师的英语写作教学现状

（1）写作教学系统性不足

a. 教学目标。任何一种技能的学习都不是一蹴而就的，其教学也不可能取得立竿见影的效果。因此，英语写作技能的培养也需要一个循序渐进的系统过程。这种循序渐进首先就体现在教学目标的系统性上，这是实现英语写作教学目标的基本保证。

英语写作教学目标缺乏系统性是指总体目标（针对学生的生理、心理特征，结合写作教学的自身规律，并在英语课程要求中明确规定的总体任务）与阶段性目标（根据总体目标制定的一系列的阶段性目标）之间互不协调，总目标与子目标之间连贯和衔接的科学性严重缺失。造成这一现状的原因可能是显性目标与隐性目标系统不平衡，也可能是教师对写作教学目标与学生实际写作之间的关系认识模糊。无论是什么原因，这种总体目标与阶段性目标的不协调显然会影响写作教学目标的实现。因此，学校、教师都必须克服这些不利因素，把握好英语写作教学总体目标和阶段性目标的关系。

英语写作教学目标之所以难以实现，一个主要的原因就是教师对英语写作教学目标与学生实际之间关系的认识不清。事实上，目标是教师和学生对学习结果的期待，是一个未实现的状态，因此教学目标与学生的实际之间必然存在一定的差距，适当的差距对学生写作能力的提高是有利的，而过大或过小的差距都不利于学生写作能力的提高。基于这一点，英语写作教学可被视为帮助学生向目标逼近的过程。英语教师和学生可以借助目标与实际之间的距离，设定一些教学或学习步骤，并熟悉实现每步骤目标的条件、困难和可能性。否则，一旦教师对写作教学的目标与学生实际之间的关系和意义认识不清，就会导致行动和反应上的迟缓，直接影响写作教与学的质量。

b. 教学方法。英语写作教学系统性不足还体现在教学方法上。所谓方法，就是一种对活动程序或准则的规定性，是一种能够指导人们按照一定的程式、规则展开行动的活动模式。系统性是英语写作教学方法的内在规定，是有效运用教学方法的重要基础。离开了系统，教学方法也就失去了意义和价值。这是因为，教学方法实际上是整个教学系统的一个子系统。它与教学目标、教学内容以及师生间的互动均联系密切：没有明确的教学目标，写作教学就会迷失方向；而脱离了教学内容，教学方法也就毫无意义；缺少了师生之间的互动性和双边性，教学方法也就没有了价值。因此，不同的教学目标、教学内容、师生关系应该对应不同的写作教学方法与运作方式。在不同的内外条件下，写作教学方法的系统运作会呈现不同的水平和层次。英语写作教学方法的运作必须根据教学系统中的各项组成部分来进行，否则就会造成种种矛盾和冲突，影响写作教学的效率。而对照我国英语写作教学中所使用的教学方法可以看出，这些方法大多是无效的、失败的，因为它们大多不系统、不连贯，缺乏针对性。

c. 写作指导。写作指导思想是否系统对写作教学质量的好坏影响极大。写作技能和写作能力虽然需要通过大量的练习来获得，但多练不等于泛练。如果写作练习缺乏目的性，即使花费很多时间也是无用的。另外，从遣词造句到段落和篇章的生成，从撰写记叙文到撰写议论文，从构思、行文到修改，整个写作是一个由浅入深的系统操作过程。因此，教师对学生的指导也应具有系统性。然而，我国的英语写作教学大多缺乏这样一种系统性。教师教的时候以及学生写的时候都没有一个明确的目标，更没有一个长远的规划，而是跟着教材随机地教与学写作方面的知识和技能,这就大大降低了写作教学的效果。

(2)重形式、轻过程和内容

长期以来,我国英语写作教学一直存在重形式、轻过程和内容的问题。导致这一问题产生的原因如下。

a. 欠缺英语思维。在英语写作教学中,教师往往强调学生要用英语思维来写作,避免使用中式英语。然而要做到这一点很难。毕竟对中国学生来说,英语是一门外语,汉语才是母语。学生的汉语思维已经根深蒂固,要想使英语思维成为习惯是极为不易的。

另外,很多人认为,英语写作中侧重语言形式的作用是必然的。所以,在英语写作教学中,重视文句的规范性与文章结构,忽视文章的内容和思想的现象仍然大量存在。部分教师也将文章结构和语言形式看作写作教学的主要内容。而初学写作的学生更是将学会把握文章结构和形式视为写作学习的终极目标。这些最终都使写作的教与学流于形式,很难触及写作的核心。

b. 受历史传统影响。在早期的英语写作中,为了快速写出一篇符合要求的英语文章,人们常常模仿类似文章的语言形式和结构来写作。久而久之,教师和学生都将形式当成了英语写作的重点,而忽视了写作的过程和内容,写作变成了一种模仿,而非创作。

事实上,内容和过程对写作来说也是很重要的。一篇好的文章应该具有丰富、深刻的内容,而这些内容仅仅靠对形式的模仿是无法实现的。语言的形式和文章的结构仅是作者表达思想和情感的一种手段。把握文章的结构和形式固然重要,但如果过分强调它们的作用显然并非好事。因为文章的思想和观点是写作与写作教学的根源,而文章结构和语言形式则是写作与写作教学的支流,根源得不到保证,支流显然就失去了存在的基础。因此,英语写作教学必须处理好源与流、本与末、主与次的关系,在注重写作形式教学的同时,还要重视写作内容的教学以及对学生写作能力的培养。

(3)教与学相互颠倒

写作教学并非一种知识性课程,学生的写作技能无法靠教师的讲解来获得。原因如下:写作是一种实践性活动,涉及写作的技巧和能力,因此写作教学应该以学生的实践和操练为主、以教师的知识传授为辅;写作教学的目的在于提高学生的写作能力，因此写作应该是一种学生个体的活动，从构思、写作到修改，都应该体现学生的主动参与，教师过多的讲解只会耽误学生的写作时间，进而影响学生写作的积极性和主动性。

然而，我国英语写作教学一直存在教与学相互颠倒的现象。这主要体现在以下两个方面：写作教学中仍存在教师大量讲解理论知识的问题，使学生，尤其是初学写作的学生，很容易觉得写作枯燥、无用，产生厌倦、畏难等情绪，进而丧失写作的兴趣，最终影响英语写作教学目标的实现；教师常以自己的写作经验为基础来指导学生写作，常对学生使用一些不恰当的话语指令或规则指导学生，剥夺了学生的话语权，限制了学生的独立思考，简化了学生写作过程中的心理体验，遏制了学生写作中的创造性，使他们产生盲从的心理。这显然颠倒了写作教学中的师生地位，而且也很容易使学生在写作过程中的构思、行文和情感体验出现雷同现象，写作创造能力得不到真正的提高。

（4）批改方法缺乏有效性

作文批改的方式方法也是写作教学中存在的一个显著问题。很多教师在批改作文时，重点仍然放在纠正拼写、词汇以及语法等方面的错误上，而忽略了对学生在写作过程中的思维能力的培养，这使学生过分在意写作时的语言正误，而忽视了对文章结构、逻辑层次的把握。

另外，教师对学生作文的批语也同样重要。有的教师一味指责学生写作中的错误，而缺少鼓励，这会制约学生写作的主动性，导致他们消极应付、望而生畏，对自己写作中出现的错误不能很好地改正。

3.英语写作教学环境现状

（1）课程设置不合理

除英语专业外，我国部分英语写作教学是被纳入英语整体教学的，而并未被独立出来。这就很容易因为课时有限而无法花费较多的时间来组织学生写作。久而久之，学生也会误以为写作学习是不重要的。如此一来，不仅写作教学本身得不到时间上的保障，学生也会产生轻视写作的思想。

（2）缺乏相关的教材

目前我国的英语教材大多是集语音、词汇、语法及听、说、读、写、译于一体的综合性教材，关于"写"的专门教材相对较少。即使在英语整体教学中，虽然几乎每个单元都会涉及写作的练习，却并未形成一个科学的系统，同时也缺乏一定的指导，学生的英语写作练习也多处于被动地位，这对英语写作学习而言是极为不利的。

（3）教学改革滞后

随着英语教学改革的不断深入，英语教师对英语写作教学也有了一定的新认识。尽管如此，英语写作教学方面的改革仍然相对滞后。学生英语思维能力的多方位、多角度、发散性、创造性、广阔性和深刻性仍然没有得到足够的重视。除此之外，作为英语教学的一部分，写作应和阅读、口语、听力、翻译等方面的教学有机地联系起来。而在实际的英语教学过程中，教师并未真正把英语写作教学与其他方面的教学融合在一起，而是孤立地教授写作，既不利于学生对英语学习的全面认识，也不利于学生对写作学习的深入了解。

（三）英语写作教学策略

1. 选题构思方法

文章写作的各个过程都离不开构思，构思是写作的基础。选题构思常用的方法有自由写作式（free writing）、思绪成串式（clustering）、五官启发式（using five senses）等。

（1）自由写作式

自由写作式是指在看到文章题目之后就在大脑中进行思考，并将思绪无限拓展，然后将所想到的观点和信息都记录下来，最后再阅读所记录的内容，从中选取认为有用的信息，剩余的则可直接删去。这样的构思方式不受限制，思路可完全打开，而且写作的框架也自然形成了。例如，要写一篇题为"How should we spend our spare time"的文章，思路可以像下面这样打开。

How should we spend our spare time? Go to a park, go fishing, play basketball, sports, do homework, read books, newspapers, magazines, visit friends, go to movies and play computer games? No, it's not good. Wast e time. We'd better finish the work first. Do some homework...

（2）思绪成串式

思绪成串式是指先将主题写在纸中间的一个圆圈里，然后将所能想到的与主题相关的关键字写下来，圈起来，接着对所写出的关键字进行总结归纳，最后确定写作思路。

（3）五官启发式

五官启发式就是从看到的、听到的、闻到的、尝到的、触摸到的几个方面去思考，搜寻与题目有关的材料和信息，但这些方面也没有必要面面俱到。例如，要写一篇题为"My Best Friend"的文章，就可通过以下方式进行。

视 觉：He has a round smiling face. He walks slowly for he enjoys talking while walking. He likes to swing his pen in his hand when he has nothing to do with his hands in class. He often makes faces when he's happy. He does his homework quickly and often helps others and me with math problems. He likes to play ping-pong with me.

听 觉：He whistles a tune when he is alone. He can talk on and on about computer games. Whenever he understands something, he is always saying, "Oh,I know, I know."

嗅 觉：I could smell his feet and sweat in summer. This shows he enjoys sports very much in a way.

触觉：When we play ping-pong, I can feel his toughness and strength. And he is quite good at it.

通过五官寻找与主题相关的材料，思路会逐渐打开，最后的写作思路自然也就很容易确定了。

2. 文章开篇方式

通常情况下，一篇文章由三部分组成，即开头、中间和结尾，但往往一篇文章的开头最引人注意。在英语测试中，如果文章有一个出彩的开头，那么获得高分的概率就很大。因为在有限的阅卷时间内，文章的开头部分首先映入阅卷教师的眼帘。通常，文章开篇的方式有以下几种。

（1）开门见山式

开门见山式就是在文章的一开始就提出观点，突出文章主题，明确陈述见解。这种开篇方式又称"事实陈述法"或"现象陈述法"。例如：

As food is to the body, so is learning to the mind. Our bodies grow and muscles develop with the intake of adequate nutritious food. Likewise, we should keep learning day by day to maintain our keen mental power and expand our intellectual capacity.Constant learning supplies us with inexhaustible fuel for driving us to sharpen our power of reasoning, analysis, and judgment. Learning incessantly is the surest way to keep pace with the times in the information age, and reliable warrant of success in times of uncertainty.

（2）下定义式

下定义式就是在文章的开头给出必要的解释说明，以帮助读者理解。例如，题为"Financial crisis"的作文，可采用以下方式开头。

Financial crisis, also known as financial tsunami, refers to the dramatic deterioration of the financial indicators of a certain country or several countries and regions in the world（下定义）. It can be classified as currency crisis, debt crisis, banking crisis, sub-loan crisis, etc. The feature of the crisis is that people are pessimistic about the economic future because of monetary depreciation occurring throughout the region. The causes for the crisis are complicated with multiple reasons, mainly from three aspects : the U. S. consumption habits of borrowing, the idea of free economic management, and the economic environment and specific policy instruments.

（3）描写导入式

描写导入式就是以描写背景为切入点，进而导入正题。例如：

Nowadays college students are seen waiting on tables, cleaning in stores, advertising in streets, tutoring in families and doing whatever work they can find.（描写导入）It has become fashionable for college students to do some odd jobs in their spare time.（中心思想——打工的普遍性）

（4）以故事引入式

以故事引入式就是以故事作为文章的开头，然后引出下文。这种开篇方式很容易吸引读者的注意力，激发读者继续阅读的兴趣。例如：

Most of us may have such experiences : when you go to some place far away from the city where you live and think you know nobody there, you are surprised to find that you run into one of your old classmates on the street, perhaps both of you would cry out : "What a small world! "（通过故事，最终引出自己的观点）

（5）问答式

问答式就是用英语的五个"W"和一个"H"开头的问句提问，尽量多问一些问题，尤其是多问一些人们想知道的问题，然后根据这些问题确定写作思路。以问答开篇可以取得与以故事开篇一样的效果，也可以有效吸引读者的注意力，激发读者的阅读兴趣。例如，写一篇题为"The Spring Festival"的文章，就可采取以下方式开始。

What is the Spring Festival?

What is the importance of the Spring Festival? Who celebrate the Spring Festival?

When do people celebrate the Spring Festival? Where do people go for the Spring Festival? What do people do during the Spring Festival? Why do people do those things?

Why do people celebrate the Spring Festival? How long does the Spring Festival last? How do people feel about it?

What are the symbols connected with the Spring Festival?（先提出问题，然后给每个问题一个简短的回答）

The Spring Festival is the Chinese New Year.

The Spring Festival is the biggest Chinese traditional festival.

We Chinese people celebrate it.

We celebrate it either in January or in February according to the Chinese Lunar calendar.

People hurry home for the Spring Festival.

During the Festival, people like to wear new clothes, have a big family dinner,give lucky money to children and visit relatives and friends. In the past people would fire cracks to drive away evils. Now people like to stay at home watch CCTV Spring Festival Special Programme.

People do those things to show love and care to each other, and to wish for a happy new year.

People celebrate it because the Spring Festival is the beginning of a new year.

The Spring Festival lasts 15 days from the Spring Festival Eve to the Lantern Festival.

People feel very happy and enjoy the Spring Festival very much.

The symbols connected with the Spring Festival are the character of fortune, the lucky money, the couplets, etc.

下面内容的写作思路就可以以这些问答为依据不断展开。

（6）数据式

数据式就是在文章的开头引用权威性统计数字，以增强文章的说服力。数据式有先主题后数据、先数据后主题之分。这里以先主题后数据为例。

As is reported that cell phones are becoming increasingly popular within China.（引出主题）In 1999, the number of cell phones in use was only 2 million, but in2002, the number reached 5 million. And in the year 2005, the number had suddenly soared to 9 million.（引出数据）

3. 段落展开方法

段落展开方法多种多样，在这里主要介绍以下几种段落展开方法，即按时间展开、按空间展开、按定义展开、按过程展开、按分类展开、按因果关系展开。

（1）按时间展开

按时间展开是指文章按照事件发生的时间顺序展开叙述，先发生的事情先写，后发生的事情后写。这种方法多用于记叙文中。例如：

By the time he was fourteen, Einstein had already taught himself advanced mathematics. He already knew what he wanted to be when he grew up. He wanted to study physics and do research. The problem was that Einstein's family did not have enough money to pay for his further education. Finally they managed to send him to a technical school. Later they were able to send him to an important technical college in Switzerland, which he entered in 1896 at the age of seventeen. He studied hard and received his degree at the end of his course. He wanted to study for a doctor's degree,but he did not have enough money. The question was how he could find enough work to support himself. First he worked as a teacher. Later he got a job in a government office. This work provided him with enough money to live on. Also he had enough time to study. He went on studying and finally received his doctor's degree in 1905.

（2）按空间展开

按空间展开就是文章按照一定的空间顺序和方位展开叙述，如从上到下、从左到右等。这种方法常用于描述景物或一个地方。例如：

One of the most interesting places to visit in Singapore is the bird park. It's located in the industrial area of Singapore, called Jurong. The bird park is about twelve kilometers from the center of the city, and it's easy to get by bus or taxi. It's one of the largest bird parks in the world. The birds are kept in large cages, and there are hundreds of beautiful birds from many different parts of the world, including penguins, parrots, eagles, and ostriches. There's a large lake in the park, with a restaurant beside it. There's also a very large cage. You can walk into it to get a closer look at the birds.

（3）按定义展开

按定义展开就是针对某一个含义复杂、意义抽象的词语或概念具体展开阐述。通常情况下，在下定义的同时还可以运用举例子、打比方的方法以使读者对定义有一个更清楚的了解。这种方法常用于说明文中。例如：

Poetry is a branch of literature which explores ideas, emotions, and experiences in a distinctive form and style.（给诗歌下定义）Poetry, sometimes called "verse", depends greatly on the natural rhythms and sounds of language for its special effects. Poetry, even more than prose（all other writings）, depends on precise and suggestive wording. In other words, a poem says much in little space. Poetry differs from prose in obvious ways, also. Most often the first word of every line begins with a capital letter, even in the middle of a sentence. Poems sometimes contain theme, and often they have a particular rhythm, like music.

（4）按过程展开

按过程展开就是文章依照事情发展的经过、顺序逐项展开说明。这种方法常用于记叙文，多叙述如何做一件事情。例如：

Many people like to read the latest news in the newspaper. But how is a newspaper produced so quickly?

Every morning the chief editor holds a meeting with the journalists. After that, journalists are sent to interview different people. Usually they have a face-to-face interview with them. Sometimes they do telephone interviews. At the same time, photographers are sent to take photos which will be developed later. Sometimes they use old photos from their library in order to save time and money. After the reporters hand in their stories, the chief editor will choose the most important news for the front page. Other editors read the stories and make some necessary changes. They also write headlines for each story. Finally, when the newspapers are printed, they are delivered to different places as soon as possible.

（5）按分类展开

按分类展开就是将要说明的事物按照其特点进行分类，然后逐一进行说明。这种方法多用于说明文。例如：

WORLD MUSIC

In Africa most music is folk music. It plays an important part in people's lives, especially for work, and at festivals and weddings, when people dance all night long.

Indian music is not written down. There is a basic pattern of notes which the musician follows. But a lot of modern music is also written. India produces more films than any other country in the world. It produces musicals too, that is, films with music, and millions of records are sold every year. In the Caribbean the slaves who were brought from Africa developed their own kind of music. West Indians make musical instruments out of large oil cans. They hit different parts of the drum with hammers to produce different notes. This type of music has become very famous in Britain and is very good music to dance to. Jazz was born in the USA around 1890. It came from work songs sung by black people and had its roots in Africa. Jazz started developing in the 1920s in the southern states. Soon it was played by white musicians, too, and reached other parts of the USA.

（6）按因果关系展开

按因果关系展开主要包含三种形式：第一种是按结果——原因展开，也就是在文章开头先描写结果，然后再分述原因；第二种是先给出原因，然后再叙述结果；第三种是既分析原因又分析结果。这种方法常用于说明文。例如：

I prefer to live in the city for the following reasons. First, I can enjoy colorful life in city. There are always many performances and exhibitions through which I can learn a lot. Second, I can enjoy good services in the city. It is convenient for me to go everywhere, by bike or by bus. Department stores and shops, small or large, can offer me whatever I want. Third, I can have more job chances in the city if I am not satisfied with the present job. It is easier for me to transfer to another.

（四）多元文化背景下的英语写作教学

1. 英汉写作中的文化差异

汉语与英语是两种截然不同的语言符号系统，中国学生在学习英语时因受汉语的影响，习惯用汉语思维。无论从词法、句法、篇章结构上还是思维模式上，他们的作文都难免带有汉语的痕迹。

（1）词法方面

每种语言的词汇都可以反映使用这种语言的社会面貌、制度和习俗等。如果不了解该语言所处的特定文化背景，就难以理解词汇的准确意义。另外，英语中有些词类的划分与汉语也不同。例如，英语中名词分为可数名词和不可数名词，动词分为及物动词和不及物动词，形容词分为表语形容词和定语形容词。在英语的写作过程中，学生应该特别注意英语词汇的特征。

a. 词汇的虚实。汉语思维是整体、综合的，而英语思维是分析、独特的。这种思维差异表现在语言上就是：汉语往往偏重概念的词，即泛指，用词概括而模糊；而英语偏好属概念的词，即特指，用词具体而细腻。

b. 词性的差异。汉语对词性的界定相对宽松，词语的词性往往在句子中才会彰显。如果单独呈现，则难以判断词性。而英语大部分词在放入句子之前一般都有较明确的词性。由于受汉语的影响，中国学生对英语词语的词性把握相对缺乏严谨性，在用英语写作时只注意词汇的词义而忽视了其词性，结果导致了许多语言错误。例如：

Many people against the plan.（将介词 against 误用为动词）

I'm regret to inform you that the sports meeting has been cancelled.（将动词 regret 误用为形容词）

c. 词语的搭配。由于文化背景不同，英语词语搭配存在一定的差异。比如，汉语中某些词语在不同的语境中会有不同的英语表达方式，而且这些表达是约定俗成的，如果忽略了这些差异就会出现语言错误。

比如，许多学生习惯把"学习知识"说成"learn knowledge"，这显然是错误的，正确的表达应该为"acquire knowledge"。如果按照汉语的习惯来构建英语表达就会导致搭配不当的语言错误。

d. 词义的文化差异。中西文化背景以及思维方式的差异导致英汉两种语言所包含的文化内涵也存在差异。例如，龙（dragon）在中国人眼里是吉祥的象征，而在西方却象征着邪恶。若将"望子成龙"译为"to hope one's son will become a dragon"，西方人士会感到奇怪。但译为"to hope one's son bright future"，西方人士可以获得与汉语读者相近的或相同的理解。

（2）句法方面

英语与汉语在句子结构方面最基本的差异是：汉语句子重意合，英语句子重形合；汉语句法关系主要靠词序和语义关系表达，并不追求形式上的完整，往往只求达意，而英语句法重句子结构形式上的完整和逻辑上的合理。具体来讲，英语中有语态、时态、人称和数等多种形态变化，英语句子一般都有一个明确的逻辑中心，不论句子中的附加成分多么复杂，总与中心的成分保持清晰的逻辑关系，从而形成了以主谓宾结构为核心，用各种从句、短语进行修饰、扩展的句法结构。

a. 句子的词序。词序是指单词在句子中的排列顺序。汉语和英语都有严格的词序要求，但两种语言在结构上有所不同，在词序方面也存在差异。具体来说，汉语的词序排列是由远及近、由大到小、由重到轻、由普通到特殊、由主观到客观、由整体到个体，而英语则相反。因此，不少中国学生在英语写作中会出现词序错误。例如：

汉：我还记得发生在我和他之间的一切事情。

英：（误）I still remember everything that happened to me and him.

英：（正）I still remember everything that happened to him and me.

析：这一例子的错误是汉英词序不同的典型反映。汉语里一切从"我"开始，而英语则恰恰相反，"我"永远在最后。

b. 句子的时态。不同的语言有不同的时态，有的语言很少甚至没有时态。汉语基本上就是借助词汇来表示各种时间和动作的。汉语中除了"着""了""过"的若干说法与英语中的进行时、完成时、过去时相对应外，再无其他与英语相对应的时态形式。而英语不仅有时态，而且种类繁多（共有16种时态），区分细微。英语通过这些时态将事物的状态或动作进行的过程描写得准确而精细，有时甚至能表达说话人的感情色彩。例如：

英：You are always asking me such questions!

汉：你怎么老问我这样的问题！（用现在进行时表示厌烦）

c. 句子的语态。汉语中被动语态极少使用，即使使用也大多表达一些对主语而言是不如意或不希望发生的事情，如"被打""受罚""挨批"等。但是，英语中被动语态使用的频率较高，尤其是在科技英语文献和英语新闻报道中。另外，汉语中如果不强调动作的执行者，且主动意义和被动意义不至于发生混淆时，一般不使用被动语态。而英语中只要具有被动意义的句子一般都要使用被动语态。汉语和英语在语态使用上的差异经常导致学生犯语态方面的错误。例如：

（误）This book is his father gave him.

（正）This book was given by his father.

d. 句子的结构。中式英语还经常表现在句子主语的选择上。一般来说，汉语句子的主语可以很长，而英语句子的主语则应尽可能简洁，以使句子结构保持平衡。中国学生经常因忽略这一差异而出现错误。例如：

汉：明天天黑前能否找到帮手并完成工作是我们必须面对的问题。

英：（中式）Whether we can find helpers and finish the work by tomorrow evening is the problem we have to face.

英：（英式）The problem we have to face is whether we can find helpers and finish the work by tomorrow evening.

d. 句子的衔接。英语句式具有多变性，而汉语句式则较为固定。英语的句子常以主谓宾结构为其核心，用各种连词、短语和从句进行修饰、扩展，句子结构复杂，但读起来形象、生动。由于受汉语句式影响，中国学生在英语写作中往往会使用一连串简单句或句式雷同的复合句，造成句式单一，读起来单调、乏味。例如：

汉：社会发展很快，学生了解外面的世界很重要。

英：(误)It is important for the students to know the world outside the campus. Because now the society is developing quickly.

英：(正)With the fast development of the society, it is important for the students to know the work outside the campus.

（3）篇章结构方面

英语民族崇尚理性，重视形式逻辑和分析思维，他们的思维方式可形象地称为"直进式"。而中国人重悟性，注意辩证思维，思维方式是螺旋式。反映在写作上，英语写作强调结构清晰、篇章连贯、逻辑性强，要求开门见山。英语文章常常把主题放到句首，且每段只有一个主题，然后围绕这个明确的主题用扩展句进行层层论证或说明。而汉语文章受到中国传统文化和思维的影响，开篇一般不点题，而是经过反复论证后才将最重要的信息呈现出来。这种由于思维方式不同而导致的语篇差异，使学生写的英语作文常出现前后不一致、层次不清、逻辑性差、缺乏必要的过渡和连贯性等问题。请看下例：

We haven't got time for sports or movies. We don't have enough time to read after class. The teachers give us too many exercises and we are busy finishing the homework when class is over. We have no method. The teachers can change the situation...

从英语写作的角度来看，这段文字除了句式缺少变化、句与句之间缺乏衔接外，整个语篇的信息分布以及展开方式与英语的行文习惯不符。

2. 文化差异对写作的影响

学习和使用英语必须了解与英语密切相关的文化以及中西方文化之间的差异。下面仅从汉英两种语言在措辞、造句、文体三个方面的区别来探讨中西方文化差异对大学生英语写作的影响。

（1）措辞

同一个事物或概念，在某些语言中可能只有一个词语来表达，而在另一种语言中可能有几个或更多的词语来表达。中西方两种文化背景的人在进行交际时，有时会产生理解困难。比如，英语中"Mary's sister married David's brother."这句话就很难准确地翻译成汉语，因为我们不知道句中

"sister"是指Mary的姐姐还是妹妹、"brother"是指David的哥哥还是弟弟。其实在汉语中，用这种称呼来指各种具体的关系的词语有很多，在这儿就不一一列举了。但从这个例子中我们知道，对中国学生来说，要想进行英语写作，并提高英语写作能力，首先要在用词上多下功夫。可以说，用词准确是写作的基本功，因为词汇是语言的基本要素，是语言赖以生存的基础，所以文化差异在词汇方面表现得最为突出。例如，人们往往认为汉语中的"请"相当于英语中的"please"。但是在实际英语的应用中情况却不是这样的，比如，让其他人先上车，实际上不说"Please"而是说"After you"再如，当请他人一块儿用餐的时候，在餐桌上可能说"Help yourself."而不是简单的一个字"Please"所以用词准确是写作的基础，而用词的技巧又是提高写作质量的关键所在。

词汇所表达的意思是由它的内涵（denotation）和外延（connotation）构成的。而成语、谚语和格言是一个社会的语言与文化的重要组成部分，尤其是成语，不仅很难理解，更主要的是很难运用得当。如果运用得不好或者错误，就会让人产生误解，甚至造成对方的不快。比如在邓炎昌和刘润清所编的《语言与文化》中有这样一个例子。一个在美国学习的外国学生坐在窗前看书。她听到有人在喊"Look out!"（当心！），她以为人家说"往外看"呢，就把头伸到窗外去看。上面掉下一块板子，差点儿砸到她。她又生气，又害怕，往上一看，见一个人正在修屋顶。那个人说："Didn't you hear me call 'look out'?"（你没有听见我喊"look out"吗？）她回答说："Yes, and that's what I did!"（听见了呀，所以我才向外看呀！）

再者，英语的词语与汉语的词语尽管在分类上有相同之处，但从词的功能角度分析又与汉语的词语存在着不同之处。比如，在应惠兰教授主编的《新编大学英语》第三册有一篇文章的开头有这样一个句子：

I am sitting in a local restaurant offering takeout home style meals, surrounded by exhausted but happy shoppers, families out for Friday night dinner, and students taking a break from college exams.

译为汉语即为：我坐在邻近的一家餐馆里，该餐馆提供具有家庭风味的外卖饭菜，并围满了人，有疲惫且快乐的购物者，有周末夜晚就餐的一家人，还有考完试休息一下以便再战的大学生们。

汉语句子中动词用得很多，像"坐""提供""围满""购物""就餐""考试""休息""再战"等一系列动词形成了动态现象，构成了独特的汉语写作方式。而英语句子中名词用得很多，形成了静态现象，体现了英语写作的严密性和庄重性。所以，在英语写作中，如果学生能注意到中英文在用词方面的差异，灵活运用所要表达的词语，会对其英文写作有很大的帮助。

（2）造句

英语句式多为句尾开放的树式结构，语义重心在前；汉语句式为句首开放的竹式结构，语义重心在后。西方人习惯于开门见山，往往采用主句在前、从句在后的语序。中国人习惯于先介绍外围信息进行铺垫，再层层逼近主题，倾向于偏句在前、正句在后。比如，"能在有生之年，为国家做些事，乃是我最大的愿望和追求"的英语译文是"The wish and pursuit of my life is to do something for my country."

再者，英汉句子中，成分与成分或分句与分句之间的连接方式是不同的。英语句子多靠形合，"以形统神"，非常注重句子的结构完整，外在逻辑形式严谨规范，句间连接依赖于各种语言形态手段，因而句子显得紧凑有序，其关联照应手段是显式的；汉语句子多靠意合和悟性，句间连接主要靠语义和内在的逻辑关系，连接标记的有无关系不大，句子的形态就会显得很松散，其关联照应手段是隐式的。例如：

汉：太阳光催开了那些小指儿模样的嫩叶，现在都有小小的手掌那么大了。

英：The rays of the sun forced to open the tender, finger like little buds. They had already grown to the size of a small hand.

汉：坚持干下去，你一定会成功。

英：You're sure to succeed as long as you keep at it.

由此可见，英语句子能够形成紧凑严密的树式结构，是因为各种连接词起到了黏合剂的作用。汉语句子的线型结构灵活流畅，是因为没有过多的"黏合剂"，句段之间可以不用任何连接符号，而靠语义上的联系结合在一起。据此，我们可以把一个英语句子比作一棵大树，主谓好比是树干，而各种附加和连带成分就好比是树干上的枝丫，句子成分的复杂化则如同树上的树枝和树叶。中国学生未熟练掌握英语句法的内在规律时，很难摆脱母语的思维定式，这无疑影响了学生英语写作的发挥。

（3）文体

首先应该指出，用汉语和英语写作有相同之处：深刻地了解主题，周密地考虑内容，慎重地选择材料，真诚而简洁地表达思想。尽管汉英写作具有相同的特征，但是二者之间还是存在着一些差异。这主要有两点：首先，在叙述与描写时，与英语文体相比，汉语文体中常因过多使用形容词而显得矫揉造作。当然一篇好的文章里要有形容词，它们可以使文章生色、人物栩栩如生。但是如果使用不当，效果则适得其反——读者失去兴趣，感到厌烦。而英语文体则直截了当。下面就是选自托马斯·佩因《危机》中的一段文字。

英：These are the times that try men's souls. The summer soldier and the sunshine pariot will, in this crisis, shrink from the service of their country, but he that stands it now, deserves the love and thanks of man and woman.

汉：这是触及人们灵魂的时刻，在这次危机中，那些和平盛世的士兵和处于安逸顺从环境的爱国者将畏缩不前，不为祖国效力；那些经得起考验的人将赢得人们的爱戴和感激。

亚伯拉罕·林肯最著名的演说《葛底斯堡演说》(*Gettysburg Address*)，也是美国历史上为人引用最多的政治性演说。

英：Four score and seven years ago, our fathers brought forth upon this continent a new nation, conceived in liberty and dedicated to the proposition that all men are created equal... that this nation, under God, shall have a new birth of freedom;and that government of the people, by the people, and for the people, shall not perish from the earth.

汉：87年前，我们的先辈们在这个大陆上创立了一个新国家，它孕育于自由之中，奉行一切人生来平等的原则……我们要使国家在上帝福佑下得到自由的新生，要使这个民有、民治、民享的政府永世长存。

3. 多元文化对英语写作教学的启示

（1）文化导入

为了尽量减少汉语对学生英语写作的负面影响，在英语写作教学中，教师应鼓励学生通过多种渠道掌握中西方文化的差异以及这种差异带来的英汉写作上的不同，提高学生实际运用语言的能力。

中国学生的英语学习处于汉语文化环境中，思维、表达、写作无不受到汉语文化的影响，这对学生了解和使用英语思维、表达，写出地道的英语作文而言是十分不利的。因此，在英语写作教学中，教师可以利用图片、音频、视频等教学手段为学生创造有利的英语学习环境，让学生多了解英语文化背景；还可以安排学生和外籍教师、学者等沟通交流，让学生了解英语文化的方方面面。通过多种渠道的了解和接触，学生开阔了视野，加深了对英语的感知力，提高了英语使用能力，久而久之，就可以逐渐学会用英语思考、表达和写作，从而避免了中国式英语。

（2）英汉写作对比分析

文化差异使英汉语篇写作各具特色。对此，教师不妨有意识地剖析英汉语篇在遣词造句、文章结构等方面的差异，使学生了解这种差异，从而在写作时有意识地避免汉语思维的影响，写出更符合英语表达习惯和英语文化的作文。例如，在精读教学中，教师可通过细致地分析课文使学生了解和掌握各种题材与体裁文章的写作技巧、注意事项，如课文是如何发展主题、组织段落、完成连贯的，帮助学生对正确的英语语篇结构形成一个立体的、综合的认识。

另外，教师在批改作文时应指出学生写作中不符合英语表达习惯的语句，并可将其和地道的表达方式加以对比，使学生更清楚地看到差别，并在不断的修改过程中逐渐学会用英语思维进行思考，形成正确的表达。

（3）读写结合

俗话说："读书破万卷,下笔如有神。"由此可见，读和写有着密切的关系，读是写的基础。作为语言输入的一种方式，读能够为作为语言输出的写积累语言材料，不仅能够使学生知道写什么，还能使他们知道如何写。因此，在英语写作教学中，教师应让学生通过阅读大量题材广泛、体裁各异的英语材料来了解英语国家人士的思维方式、思想情感、价值观念、道德标准、社会文化、历史传统等各个方面，为英语写作积累素材，培养语感。此外，教师还可以让学生学习名家写作技巧和经验等。

需要指出的是，要想充分发挥读的作用，教师要让学生养成边读边做读书笔记、读书心得的良好习惯，从而为拓宽思路、吸取经验、模仿写作做铺垫，这样学生才能更快、更有效地提高写作水平。

（4）仿写训练

中国学生在写英语作文的时候不自觉地会遵循中文思维，一边想汉语是如何说的，一边将其翻译成英文写出来。这样近乎"汉译英"的写作模式不仅效率低下，还很难避免汉语思维和表达习惯对英语写作的负迁移作用。为使学生摆脱这种机械、低效的写作模式的影响，写作教学中，教师可引导学生仿写英文材料。仿写的英文材料既可以是教材中的课文，也可以是文学名著。仿写时允许学生使用词典等工具书。通过仿写，学生不仅能够积累一定的写作素材，还能清楚、快速地了解地道的英语语篇是如何开展的，从而培养良好的英语语感和写作习惯。

第四节　多元文化背景下的英语翻译教学研究

一、英语翻译教学的目标、内容与教学现状

（一）英语翻译教学的目标

下面主要以大学英语教学为例，进行英语翻译教学研究的论述。

大学阶段英语翻译教学的三级目标如下。

1. 基础目标

能借助词典对题材熟悉、结构清晰、语言难度较低的文章进行英汉互译，译文基本准确，无重大的理解和语言表达错误；能有限地运用翻译技巧。

2. 提高目标

能摘译题材熟悉，以及与所学专业或未来所从事工作岗位相关、语言难度一般的文献资料；能借助词典翻译体裁较为正式、题材熟悉的文章，理解正确，译文基本达意，语言表达清晰；能运用较常用的翻译技巧。

3. 发展目标

能翻译较为正式的议论性或不同话题的口头或书面材料，能借助词典翻译有一定深度的介绍中外国情或文化的文字资料，译文内容准确，基本无错

译、漏译，文字基本通顺达意，语言表达错误较少；能借助词典翻译所学专业或所从事职业的文献资料，对原文理解准确，译文语言通顺，结构清晰，基本满足专业研究和业务工作的需要；能恰当地运用翻译技巧。

（二）大学英语翻译教学的内容

大学英语翻译教学的内容主要包括翻译基本理论、英汉语言对比、常用的翻译技巧。

1. 翻译基本理论

翻译的基本理论知识主要涉及对翻译活动本身的认识，对翻译的过程、标准的了解；翻译对译者的要求；工具书的使用等。

2. 英汉语言对比

英汉语言的对比，既包括语言层面内容的对比，又涉及文化层面和思维层面的对比。在语言层面上，主要是对英汉语言的语义、词法、句法、文体、篇章进行比较，发现它们的异同。对英汉文化、思维的比较，有利于更加准确、完整、恰当地传达原文的信息。

3. 常用的翻译技巧

翻译中的常见技巧有语序的调整、正译与反译、增补省略语、主动与被动的互换、句子语用功能再现等。

（三）英语翻译教学现状

1. 学生英语翻译学习的现状

（1）学生对英语国家文化背景了解不深

如前所述，语言是文化的产物和外现，无论是从社会观还是从语言的基本符号来看，语言都带有非常明显的文化特征。语言作为特殊文化背景下的特殊载体，只有在特定文化范围内才具有其本质的意义。语言和文化相互影响、相互作用。著名翻译理论家尤金·奈达曾说："翻译是两种文化的交流。真正成功的翻译，熟悉两种文化比掌握两种语言还重要。因为词语只能在其相应的文化背景下才能体现出其真正的意义。"所以如果学生不能很好地熟悉英语国家的文化，就无法精准地理解原语言的深刻内涵，甚至是习惯于用我们的思维模式来对英语进行分析和理解，这样一来，很容易导致翻译中出现常识性误译，一些错译、漏译现象也便不足为奇了。

（2）"的的不休"

在实际的翻译操作中，中国学生每每看到英语形容词就自然而然地将其翻译成汉语的形容词形式，即"……的"，导致译文"的的不休"，读起来很别扭。例如：

英：The decision to attack was not taken lightly.

原译：进攻的决定不是轻易做出的。

改译：进攻的决定经过了深思熟虑。

英：It serves little purpose to have continued public discussion of this issue.

原译：继续公开讨论这个问题是不会有什么益处的。

改译：继续公开讨论这个问题没有益处。

（3）语序处理不当

如前所述，英语句子通常开门见山地表达主题，然后再逐渐补充细节或解释说明。有时要表达的逻辑较为复杂，则会借助形态变化或丰富的连接词等手段，根据句子的意思灵活安排语序。相比之下，汉语的逻辑性较强，语序通常按一定的逻辑顺序（如由原因到结果、由事实到结论等）逐层叙述。这种差异意味着将英语句子翻译成汉语时必须对语序做出适当的调整。而很多学生意识不到这一点，译文也大多存在语序处理不当的问题，读起来十分别扭。例如：

英：The doctor is not available because he is handling an emergency.

原译：医生现在没空，因为他在处理急诊。

改译：医生在处理急诊，现在没空。

（4）不善于增减词

由于语言、文化等方面的差异，翻译时不可能也没必要完全拘泥于英语形式，即逐字逐句地翻译原文。事实上，由于原文含义、翻译目的等方面的不同，译文可以根据实际需要适当增减词。很多学生并不明白这一点，因而其译文大多烦冗啰唆。例如：

英：Most of the people who appear most often and most gloriously in the history books are great conquerors and generals and soldiers...

原译：在历史书中最常出现和最为显赫的人大多是那些伟大的征服者和将军及军人……

改译：历史书上最常出现、最为显赫者，大多是些伟大的征服者、将军和军人……

（5）不善于处理长句

英语中不乏长而复杂的句子，这些句子大多通过各种连接手段衔接起来，表达了一个完整、连贯、明确、逻辑严密的意思。很多学生遇到这样的句子时往往把握不好其中的逻辑关系，也不知如何处理句中的前置词、短语、定语从句等，因而译出的句子大多不符合汉语表达习惯。例如：

英：Since hearing her predicament, I've always arranged to meet people where they or I can be reached in case of delay.

原译：自从听了她的尴尬经历之后，我就总是安排能够联系上的地方与人会见，以防耽搁的发生。

改译：听她说了那次尴尬的经历之后，每每与人约见，我总要安排在彼此能够互相联系得上的地方，以免误约。

2. 英语教师英语翻译教学的现状

（1）高校许多英语教师未能达到英语翻译教学的专业要求

在国内英语四、六级考试中，翻译题的分值比例明显很小，且与其他语法、词汇掌握的考查相比，明显比重偏小，这也导致了国内英语课程设置方面未能将翻译放到足够重视的位置。由于一直未能真正重视英语翻译，高校许多英语教师的实践能力、翻译理论素养及翻译教学水平也明显不能满足新时期英语翻译教学的需求。除此之外，国内高校近年来一直在扩招，高校学生不断增加，高校教师更多的是忙于授课，根本无暇顾及自身翻译水平能力的提升，也无暇顾及对英语教学方式的改革和优化。尤其是随着语法翻译教学被替代，以及交际教学地位的不断提升，英语课程的讲解更趋向于对学生阅读理解和听说能力的培养，更加压缩了英语翻译教学的生存空间。再加上课堂时间有限，教师对翻译的讲解往往仅限于课后的翻译练习题。对翻译的讲解往往只是一笔带过或是照本宣科，通常是浅尝辄止、稍作发挥，使得英语翻译教学陷入一种可有可无的尴尬局面。

（2）传统教学模式带来的束缚

传统的英语翻译教学往往不以学生为主体，而是以教师作为学生翻译的仲裁者，学生往往将教师的参考译文作为一种神圣不可侵犯的东西，对其不敢有任何质疑和改动。这种古板的教学模式，显然束缚着学生翻译的创造力和表达的积极性。除此之外，当前外语界被广为接受的交际教学法，给英语翻译带来了新的误区：英语教学更崇尚盲目的单语化，甚至对翻译和母语持一种完全排斥与否定的态度。经常可见一些高校英语教学中，教师在课堂上采用全英式教学，目的就是为学生创设一种所谓的英语氛围，以此来提高学生的听说能力。然而这种做法却没能将学生的实际情况很好地融入课堂，而且在实际的英语教学中，教师的讲解也更多地局限于课本之内，不能真正给学生创设英语的交际氛围和环境，课堂中教师说出来的英语也并非都规范，更增加了学生理解的困难。另外，由于高校英语教学以阅读理解和听力的训练、培养为主，所以教师在教学过程中不能系统地对一些翻译技巧、翻译常识进行讲解。

（3）对翻译教学的重视程度不够

对翻译教学的重视程度不够主要体现在以下几个方面。

a. 翻译教学中，教师往往不注重翻译基本理论、翻译技巧的传授，而仅仅是将翻译作为理解和巩固语言知识的手段，将翻译课上成另一种形式的语法课、词汇课。

b. 学生做完翻译练习后，教师大多只是讲解答案或者对翻译材料中出现的课文关键词和句型等进行简单的强调，而缺乏对学生进行系统的翻译训练。

c. 就时间而言，教师花在翻译教学上的时间很少，通常是有时间就讲，没有时间就不讲，或只当家庭作业布置下去，让学生自己学习。

d. 英语教学大纲中对翻译能力培养的要求不够具体。

e. 英语考试中虽然包含翻译试题，但其所占的比重远远不如阅读、写作等。

以上这些问题最终致使英语翻译教学质量迟迟得不到有效提高。

3. 英语翻译教学环境现状

从当前国内各高校所使用的英语教材来看，存在的主要问题是没有设置英语翻译技巧和方法以及翻译理论基础知识的讲解板块。当前精读教材在每个单元后也会设置几个相应的汉译英句子，但这些练习往往以巩固文中所讲的语法、词汇、句型、短句为目的。从严格意义上来讲，这种翻译练习，并不能真正满足学生英语翻译学习的要求。

另外，目前国内较为重视的英语四、六级考试，其题型内容已从原单句汉译英调整为段落汉译英。翻译内容涉及中国的历史、文化、经济、社会发展等。由此可以看出，英语翻译教学也应一步步贴近社会。

二、英语翻译教学策略

（一）结合语境教学

众所周知，语境对于词语、句子的含义有着深刻的影响。翻译要想准确，首先就要理解准确；理解要想准确，就必须结合语境。因为译者对原文的理解和译文的表达都是在具体的语境中进行的，词语的选择、语义的理解、篇章结构的确定都离不开语境，语境是正确翻译的基础。因此，在英语翻译教学中，教师务必使学生重视语境，结合语境理解和翻译。

需要指出的是，语境不仅包括语言的宏观环境，也包括语言的微观环境。宏观语境是话题、场合、对象等，它使意义固定化、确切化；微观语境是词的含义搭配和语义组合，它使意义定位在特定的义项上。学生只有兼顾这两种语境，才能确定话语的含义，使译文忠实于原文。

（二）引入图式教学

图式是人类脑海中对外部世界知识的组织形式。人类与外部世界的一切交往都会在脑海中形成模式，这些模式就包含了相关事物、情境的系统知识。当人们遇到类似的事物时，就会激活大脑中相应的知识片段（图式），从而轻松地理解该事物；而当人们的大脑中没有与所遇事物相关的图式时，就很难理解该事物。由此可见，图式对于理解有着重大意义，而以准确理解为基础的翻译活动，自然也受到了图式的巨大影响。

鉴于上述内容，教师应首先使学生认识到图式的重要性，并在教学中多为学生提供一些需要激活图式才能正确理解的语言材料，使学生积极运用图式，重视图式的积累。

需要指出的是，有时学生所拥有的认知图式不一定都是对事物的正确反映，因而在英语翻译实践中（尤其是文字表达比较含蓄的时候）经常出现图式应用错误的情况。对此，教师应帮助学生形成正确的图式并调动相关图式，从而弥补学生语言知识上的不足，为学生正确理解原文、做好翻译提供保障。

(三)引导推理教学

推理是根据已知的内容或假设运用逻辑得出结论的过程,也是实现认知的一个重要方法。在英语翻译学习中,学生总会遇到一些生词,如果个个都查词典,就会浪费大量的时间。如果学生掌握了推理技能,就能快速理解很多生词。另外,推理策略的运用有助于把握事物间的联系,促进语言的理解。因此,在英语翻译教学中,教师应培养学生推理的意识和能力。

然而,这里的推理并不是译者凭空想象做出的,而是根据文本内容、结构得出的。具体来说,学生看到文本的内容后,可以依据已有的经验以及原文的结构、逻辑连接词、上下文等做出推理,这些推理往往可以为学生提供一些额外的信息,这样学生对原文的理解也会更深刻、更全面,译文质量也会提高。但需要指出的是,无论哪一种推理技巧,都必须建立在正确识别语言结构的基础上,否则推理就变成了毫无根据的想象,脱离了原文,译文的可信度也就无从谈起了。

(四)引导猜词教学

词汇是构成语篇的基本单位,学生的词汇量以及对词汇的掌握程度都会影响概念能力的形成。何少庆曾指出,"所谓概念能力是指在理解原文过程中对语言文字的零星信息升华为概念的能力,是原文材料的感知输入转化为最佳理解的全部过程"。由此可以得出这样一个结论:词汇影响概念能力的形成,而概念能力又会影响理解,理解最终影响了翻译的质量。因此,对词汇的掌握程度以及猜测生词的能力成为提升翻译能力的关键。在英语翻译教学中,教师应为学生介绍一些常用的猜词策略。

1. 结合实例猜测词义

有时下文中列举的例子会对上文提到的某个词语进行说明、解释,这就为学生提供了猜词的线索。

2. 根据构词法猜测词义

英语词汇的构成是有规律可循的。掌握了这些规律,学生就能很快猜出部分生词的含义。因此,教师应传授学生英语构词法的知识。

3. 利用信号词猜测词义

所谓信号词,就是指在上下文中起纽带作用的词语,这些词语对于生词的猜测有着重大的意义。

4. 通过换用词语猜测词义

英语语篇有时为了避免用词的单调、重复，会使用意义相同或相近的词语来表达相同的含义，这时，学生就可以利用相对简单的那个同义词或近义词来推测生词词义。

（五）讲授翻译技巧

1. 直译法

直译法要求在不引起错误联想、符合译语语言规范的基础上，按照原文字面意思进行翻译。这种方法的优点在于它不仅保持了原文的内容，还保持了原文的形式，特别是保持了原文的形象、地方色彩等，因此是英语翻译中最常使用的技巧。例如：

英：Beef prices is almost ten times of that in 1978.

汉：牛肉价格几乎是1978年的10倍。

英：In the afternoon, you can explore the city by bicycle.

汉：下午你可以骑自行车游览这个城市。

英：Tom did something, and the police... well, now he is staying at the correctional center.

汉：汤姆做了点什么事情，警察……哦，现在他正待在纠错中心。

英：The bankruptcy of Lehman Brothers causes a chain reaction of financial crisis in the global world.

汉：雷曼兄弟公司的倒闭在全球范围内引起了一系列经济危机连锁反应。

英：Smashing a mirror is no way to make an ugly person beautiful, nor is it a way to make social problems evaporate.

汉：打碎镜子不能使丑八怪变得漂亮，也不能使社会问题烟消云散。

英：After Margaret Thatcher was elected as Britain's first-ever woman prime minister, she prescribed a dose of new kind of medicine to cure the "Britain disease".

汉：玛格丽特·撒切尔当选为英国有史以来第一位女首相以后，便开出了一剂治疗"英国病"的新药。

2. 意译法

英语与汉语都有各自的词汇、句法结构和表达方式，这就意味着只靠直译法有时是行不通的。英语翻译时若无法通过直译来表达原文含义，或直译过来不符合汉语习惯时，则可采用意译法再现原文含义。意译的优点在于能正确地表达原文含义，却不拘泥于原文形式。例如：

英：He was smooth and agreeable.

汉：他待人处事八面玲珑。

英：It's a Greek gift for you.

汉：这是谋害你的礼物。

英：Do you see any green in my eye?

汉：你以为我是好欺负的吗？

英：Don't cross the bridge till you get to it.

汉：不必自寻烦恼。

英：This man is the black sheep of the family.

汉：这个人是家庭中的害群之马。

英：Nixon was smiling and Kissinger smiling more broadly.

汉：尼克松满面春风，基辛格更是笑容可掬。

英：After that, the special missions became frequent occurrences.

汉：从此以后，特殊任务就司空见惯、习以为常了。

英：Ruth was upsetting the other children, so I showed her the door.

汉：露丝一直在扰乱别的孩子，我就把她撵了出去。

英：Our son must go to school. He must break out of the pot that holds us in.

汉：我们的儿子一定得上学，一定要出人头地。

英：It's not easy to become a member of that club——they want people who have plenty of money to spend, not just every Tom, Dick, and Harry.

汉：要参加那个俱乐部并非易事——他们只收手头阔绰的人，而不是普通百姓。

英：Up Broadway he turned, and halted at a... glittering cafe, where are gathered together nightly the choicest products of the grapes, the silkworm and the protoplasm.

汉：他拐到百老汇大街，在一家灯火辉煌的饭店前停下来，每晚都有上好的美酒、华丽的衣服和有地位的人物汇聚在这里。

3. 音译法

音译法是根据词语的发音采用发音相同或大致相同的目的语词语来表达的一种翻译方法。有些词语表示了其所属文化下的某些新兴、特有或最早出现的事物、概念等，这些事物、概念在译语文化中一开始并不存在，翻译时也就无法找出与之对应的词语，这时就可以采用音译法来翻译。

需要指出的是，音译法不能胡乱使用。如果学生一遇到不理解的词语就音译，就无翻译可言了。因此，教师在教授音译法时，应告诉学生音译法的使用范围，即多用于地名、人名、机构名称以及一些流行语的翻译，目的在于保留源语的异国风味，减少翻译过程中的文化遗失和语言误解，既能快速、准确地传播文化，又能丰富本国语言。例如：

英：Her diet restricts her to 1,500 calories a day.

汉：她的规定饮食限制她每天摄入1500卡路里的热量。

英：We all know we are the product of our genes, what are all the steps from gene to us?

汉：我们都知道基因决定了每个个体，但基因是如何使我们成为现在的我们的呢？

英：Finally, it had to be secure, even in the hostile hacker and virus filled environment of the Internet.

汉：最后，它必须是安全的，哪怕是在到处是心怀敌意的黑客和病毒的互联网络环境中也如此。

英：The coming of General Blücher at Waterloo turned the day against Napoleon.

汉：布吕歇尔将军到达滑铁卢，使得拿破仑兵败如山倒。

英：I lived most of my life in Tustin, California.

汉：我一生大部分时间都住在加利福尼亚州的塔斯廷。

英：Scarlett O'hara was not beautiful, but men seldom realized it when caught by her charm as the Tarleton twins were...

汉：斯佳丽·奥哈拉长得并不美，但是男人一旦像塔尔顿家孪生兄弟那样被她的魅力迷住往往就意识不到这一点……

4. 转译法

转译法是一种涉及词类转换的翻译技巧。由于英汉表达习惯不同，译文中不可能使每个词语的词性都与原文词语保持一致，这时学生不妨适当转换词性进行翻译，如把原文中的名词转换为动词、把原文中的副词转换为介词等。

常见的词类转换翻译有以下几种。

（1）名词类转译

名词类转译主要有以下三种形式。

a. 名词转译为动词。例如：

英：Cameras in operation.

汉：车载监视器在工作。

英：The book is a reflection of Chinese society in the 1930s.

汉：这本书反映了20世纪30年代的中国社会。

英：Peter doesn't like Jack's participation in the activity.

汉：彼得不想让杰克参加这次活动。

b. 名词转译为形容词。例如：

英：The blockade is a success.

汉：封锁很成功。

英：There is no immediate hurry.

汉：这件事不急。

英：The security and warmth of the destroyer's sickbay were wonderful.

汉：驱逐舰医务室的安全和温暖令人惊叹。

c. 名词转译为副词。例如：

英：The new mayor earned some appreciation by the courtesy of coming to visit the city poor.

汉：新市长有礼貌地来看望城市贫民，获得了人们的一些好感。

英：The boy in the seat is eyeing the old woman beside him with interest.

汉：那个坐着的男孩好奇地打量着他身边的老妇人。

（2）形容词类转译

形容词类转译主要有以下三种形式。

a. 形容词转译为动词。例如：

英：I feel certain of his finishing the task on time.

汉：我确信他会按时完成任务。

英：They were not content with their present achievements.

汉：他们不满足于现有的成就。

英：Doctors said that they are not sure to they can save her life.

汉：医生们说他们不敢肯定能否救得了她的命。

b. 形容词转译为名词。例如：

英：They took good care of the wounded.

汉：他们精心照料伤员。

英：The more carbon the steel contains, the harder and stronger it is.

汉：钢的含碳量越高，强度和硬度就越大。

英：They have done their best to help elderly people of no family.

汉：他们尽了最大的努力来帮助孤寡老人。

c. 形容词转译为副词。例如：

英：We must make good use of our time.

汉：我们必须很好地利用时间。

英：Standing on the teaching platform, Alexander took an apprehension look at the students.

汉：亚历山大站在讲台上，忧虑地看着学生。

英：You should give your TV set a thorough examination to see if there is really something wrong with it before you get it repaired.

汉：送修之前，你应当彻底地检查一下你的电视机，看看它是否真的出了问题。

（3）副词类转译

副词类转译主要有以下三种形式。

a. 副词转译为动词。例如：

英：Now, I must be away, the time is up.

汉：现在我该离开了，时间已经到了。

英：When the switch is off, the circuit is open and electricity doesn't go through.

汉：当开关断开时，电路就会中断，电流就不能通过。

英：Mom opened the window to let fresh air in.

汉：妈妈把窗子打开，让新鲜空气进来。

b. 副词转译为名词。例如：

英：He is physically weak but mentally sound.

汉：他身体虽弱，但智力正常。

英：It is officially announced that the unemployment rate will get lower next year.

汉：官方宣称明年失业率会有所降低。

英：They have not done so well ideologically, however, as organizationally.

汉：但是，他们的思想工作没有他们的组织工作做得好。

c. 副词转译为形容词。例如：

英：The sun rose thinly from the sea.

汉：淡淡的太阳从海上升起。

英：His work was well finished, so his manager praised him.

汉：这一次他的工作完成得很好，因此受到了经理的表扬。

英：I was deeply impressed by the great changes in my hometown.

汉：家乡的巨变给我留下了深刻的印象。

（4）动词类转译

动词类转译有以下两种形式。

a. 动词转译为名词。例如：

英：Western people think differently from Chinese people.

汉：西方人与中国人的思维方式不同。

英：In the wedding ceremony, the rings symbolize the union of the two partners.

汉：在结婚仪式中，戒指是结为夫妻的象征。

英：We think that your act is a violation of the principle of peace talk.

汉：我们认为你们的这一行动违背了和平谈判的原则。

b. 动词转译为形容词或副词。例如：

英：More and more people dream of furthering their education abroad.

汉：越来越多的人梦想去国外深造。

英：Only after they had done hundreds of experiments they succeeded in solving the problem.

汉：在做了数百次试验以后，他们才成功地解决了这一问题。

英：Several kinds of brands are available within the price range.

汉：在这个价格范围内有几种牌子可供选择。

（5）介词类转译

英语中的部分介词经常翻译成汉语的动词。例如：

英：His car barreled straight ahead, across the river.

汉：他的车笔直向前高速行驶，穿过河流。

英：The president took the foreign guests around the campus.

汉：校长带着外宾参观校园。

英：Lincoln wanted to establish a government of the people, by the people and for the people.

汉：林肯希望建立一个民有、民治、民享的政府。

5. 套译法

英语和汉语尽管差异巨大，但对某些事物的认知却是相同的。因此，英汉语言中存在一些语义相同或相近、说法相同或不同的成语、习语。这些成语、习语的翻译就可以采用套译法。例如：

英：Strike while the iron is hot.

汉：趁热打铁。

英：Many hands make light work.

汉：众人拾柴火焰高。

英：One swallow does not make a summer.

汉：一花独放不是春。

英：Better be the head of a dog than the tail of a lion.

汉：宁做鸡头，不做凤尾。

英：One boy is a boy, two boys half a boy, three boys no boy.

汉：一个和尚挑水喝，两个和尚抬水喝，三个和尚没水喝。

英：Miss Andrew serves as a good secretary, for she is as close as an oyster.

汉：安德鲁小姐可以当个好秘书，因为她守口如瓶。

需要指出的是，套译法要求学生必须熟悉英语习语的确切含义，切忌望文生义，否则就会造成误译。

6. 综合译法

前面介绍了很多英语翻译技巧，但在实际翻译中往往很难只用一种方法就译出高质量的译文，而需要仔细分析原文的内部结构、各成分之间的逻辑关系，使用多种翻译技巧，将原文含义用通顺、自然的译语表达出来。例如：

英：She was born with a silver spoon in her mouth who thought that she could do whatever she wanted.

汉：她生于富贵人家，认为凡事皆可随心所欲。

英：People were afraid to leave their houses, for although the police had been ordered to stand by in case of emergency, they were just as confused and helpless as anybody else.

汉：尽管警察已接到做好准备的命令，以应付紧急情况，但人们还是不敢出门，因为警察也和其他人一样不知所措且无能为力。

三、多元文化背景下的英语翻译教学

（一）英汉翻译中的文化差异

文化是一个复杂的整体，其中包括知识、信仰、艺术、道德、法律、风俗、宗教以及人作为社会成员中的一分子所获得的任何技巧与习惯。它是人类后天习得的，并会一代一代传承下去。正是文化的这一特点使得不同地区、不同国家的人们在后天的习得过程中，由于地域、气候、群体组织形式和生态环境的不同而在价值观、人生观、道德观、思维方式、宗教信仰、风俗习惯等方面产生了巨大差异，即文化差异。而文化差异在两种语言中所造成的理解障碍，往往比语言障碍本身更严重。因此要在两种语言之间进行翻译，除了通晓两种语言之外，还必须深刻理解两种文化之间的异同点。

1. 地理位置的迥异对文化差异形成的影响

我国位于北半球，亚洲大陆的东南部，东临太平洋，西北深入亚洲大陆。全国约有 90% 的土地处于温带和亚热带，气候具有鲜明的大陆性季风气候特点。而英国地处西半球、北温带，气候则是海洋性气候，这决定了每年给英国人带来春天讯息的是西风。所以对英国人来说，西风是温馨的，雪莱的《西风颂》正是对春天的讴歌。而中国文化中，西风则不免给人萧瑟、悲凉、伤怀之意，如"昨夜西风凋碧树，独上高楼，望尽天涯路"（《蝶恋花》晏殊）；东风则是春天的象征，如"等闲识得东风面，万紫千红总是春"（《春日》朱熹），故人们总是将东风视为吉祥之兆，如"万事俱备，只欠东风"。

在中国，自古至今，南面为王，北面为朝，南尊北卑的传统认识一直盛行，人们常把"南"的方位放在前面，如"南来北往""从南到北"等。而英国人理解汉语中的"从南到北"则用"from north to south"来表达，"北面的房间"在英语中则说成"a room with a southern exposure"。

2. 习俗文化差异

习俗文化指的是由贯穿于日常社会生活和交际活动中的民族风俗习惯形成的文化。例如，在中国结婚是喜庆的事情，新娘总是穿大红色的衣服，因此红色在中国习俗中是吉祥、如意、喜庆的意思。而在西方，婚礼上新娘往往穿着白色的婚纱，白色在西方表示圣洁无瑕，而在中国只有家中有人故去才会披麻戴孝，身穿白衣。又如，在中国尽人皆知的传统京剧中，画上白脸的人物，往往是奸佞的小人，而英语中"a very white man"则表示非常忠实可靠的人。英汉习俗的差异中比较典型的例子是对狗、猫的认识。在中国，狗往往使人联想到低级的、龌龊的东西。在西方英语国家，狗则被认为是人类最好的朋友，如"help a lame dog over a stile"（雪中送炭）、"top dog"（最重要的人）等。与此相反，中国人十分喜欢猫，认为猫可爱、温顺，用"馋猫"比喻嘴馋的人，常有亲昵、撒娇的意味。而在西方文化中，猫是魔鬼的化身，因而"the women is a cat"的真正含义是"她是一个居心叵测的女人"。鲁迅笔下曾赞美中国人"俯首甘为孺子牛"，这正说明了中国人对牛的感情和态度。"老黄牛"是中国人心目中憨厚、老实、勤恳的代名词。而与我国大部分农耕都靠牛不同，西方都靠马，所以西方人对马情有独钟。他们觉得马能吃苦耐劳，是为他们带来收成的保证，故他们将"力大如牛"翻译成"as strong as horse"。

3. 宗教文化差异

不同民族在崇拜和禁忌方面表现出来的不同体现了人类文化中极为重要的一部分——宗教文化。对中国影响深远的三大宗教是儒教、道教和佛教。道教中的玉皇大帝、佛教里的阎王在欧美文化中都是不存在的。而在西方，基督教认为是上帝创造了世界，并且世界上所有的事物都是按上帝的旨意安排的。

对于中西宗教文化方面存在的差异，在翻译时尤其要注意，这种误解往往会造成重大的理解偏差和不当，严重者会伤害宗教者的感情。例如，《红楼梦》中刘姥姥说的"谋事在人，成事在天"，有人把这句话译为"Man proposes, God disposes"，似乎神形兼备，但译文却使信奉佛教的刘姥姥有了改变宗教信仰之嫌。于是，可以看出该翻译中的"天"与"God"并不能完全互换，如果用"Heaven"来代替"God"或许能减小这种差异。

4. 历史文化的差异

对历史典故的误解和费解往往是由于对这个国家和民族历史文化的不了解而产生的，要进行恰当的翻译，首先应了解它们的历史背景。例如，"八仙过海，各显神通"可以译为"Like the Eight immortals crossing the sea, each showing his powers"，并在后面注明"the Eight immortals: the eight immortals of Taoism in Chinese folk lore"。又如，"东施效颦"这一成语典故，在中国几乎是家喻户晓，但对对中国文化知之甚少的西方人来说，光从字面翻译是无法了解其文化内涵的，故将其翻译成"Tang Shih imitates Hsi Shih"，还要在后面注明"Hsi Shih was a famous beauty in the ancient kingdom of Yueh. Tang Shih was an ugly girl who tried to imitate her way."

5. 思维方式的差异

不同的思维角度决定了语言的不同表达方式和风格。中国人的思维模式是因果循环式，而西方人的思维模式是线性单向式。例如，在中国很多人认为两个人结为夫妻是前世有缘，所以今生才相聚。而在西方，结婚只是两个人相爱的延续，不存在原因和结果。在中国，传统文化一向崇尚"以人为本"，《孝经》提到"天地之性人为贵"，荀子也强调"人有气、有生、有知，亦且有义，故最为天下贵也"。这种将人置于自然之上又融于自然的文化观念，潜移默化地影响了汉语言。所以，汉语习惯以动作的执行者作为句子的主语，而英语则常把陈述的重点放在行为、动作的结果或承受者上，并以此作为句子的主语，所以英语中的被动语态要比汉语中的多。例如：

英：English has been studied for 3 years off and on at the spare time school.

汉：我们已经在学校里断断续续地学了三年英语了。

英：Plastic bags full of rubbish have been piled in streets.

汉：人们把装满垃圾的塑料袋子堆放在街上。

在这些句子中，英语的表达都是以动作的承受者为主语，句型为被动语态，而翻译成汉语则应遵守汉语习惯，以动作的执行者为主语，使用主动语态。这种现象正好印证了中国"以人为本"的思维模式。在英汉语言的翻译中，明白此思维模式的不同，就可以使译文地道而又自然。中西思维方式的不同还体现在表达方式上，英语民族重直线思维，在表达思想时直截了当，要点放在句首说出，再补进次要内容。而汉语民族重曲线思维，习惯于从侧面说明、阐述外部的环境，最后点出中心。在语言表达上表现为英语句式结构多为重心在前，头短尾长，如"Research had been centered on the improvement of natural building materials before synthetics were created."而汉语句式结构多为重心在后，头大尾小。同样是这句，汉语则可译为"合成材料造出之前，研究工作集中在改进天然建筑材料上"。

综上所述，两种语言之间的翻译不仅是两种语言传递互换，更是两种文化的碰撞。作为语言工作者，除了要熟练掌握两国语言文字，还必须对两种文化有深入的研究和理解，这样才能使翻译工作不只停留在字面上，而是提高到文化意义层面，使翻译在语言上更精准，在文化上更贴切。

（二）文化差异给翻译带来的影响

翻译不仅是一种语言间的转换活动，更是一种文化之间的信息交流活动。从某种程度上来说，译者对英汉文化差异的正确解读与否对翻译的成败起着至关重要的作用。概括来说，文化差异对翻译的影响主要体现在以下两个方面。

1. 翻译空缺

翻译空缺就是指任何语言间或语言内的交际都不可能完全准确、对等。英语和汉语分属不同的语系，翻译的空缺现象在英汉语言交际中表现得尤为明显，给翻译的顺利进行带来了障碍。在英汉翻译教学中，教师应该提醒学生注意这一现象。英汉翻译中常见的空缺有词汇空缺和语义空缺两大类。

（1）英汉词汇空缺

尽管不同语言之间存在一定的共性，但同时也存在各自的特性。这些特性渗透到词汇上，就会造成不同语言之间概念表达的不对应。这和译者所处的地理位置、自然环境、所习惯的生活方式、社会生活等相关。

有些词汇空缺是因生活环境的不同而产生的。例如，中国是农业大国，大米是中国南方主要的粮食，所以汉语对不同生长阶段的大米有不同的称呼，如长在田里的叫"水稻"、脱粒的叫"大米"，而煮熟的叫"米饭"。相反，在英语国家，不论是水稻、大米还是米饭都叫"rice"。

语言是不断变化发展的，随着历史的前进、科技的进步，新词汇层出不穷。例如，1957年10月第一颗人造地球卫星发射成功后就出现了"sputnik"一词，而该词随即也在世界各国的语言中出现了词汇空缺。再如，1967年7月，当美国宇航员登上月球后，英语中首次出现了"moon craft"（月球飞船）、"moon bounce"（月球弹跳）、"lunar soil"（月壤）、"lunar dust"（月尘）等词，这也一度造成了各国语言的词汇空缺。

因此，教师在英汉翻译教学中要特别注重词汇空缺现象的渗透，要求学生认真揣摩由词汇空缺带来的文化冲突，指引其采用灵活的翻译方法化解矛盾，翻译出优秀的文章。

（2）英汉语义空缺

英汉语义空缺是指不同语言中表达同一概念的词语虽然看起来字面含义相同，但实际上却存在不同的文化内涵。以英汉语言中的色彩词为例，它们在大多数情况下都具有相同的意义，但在某些场合，表达相同颜色的英汉色彩词却被赋予了不同含义。因此，教师在日常的翻译教学中要不断引发学生对语义空缺现象的注意，遇到空缺时尽量寻求深层语义的对应，而不是词语表面的对应。

需要说明的是，语义空缺还表现在语义涵盖面的不重合，即在不同语言中，表达同一概念的词语可能因为语言发出者、语言场合等的不同而产生不同的含义。例如，英语中"flower"除了做名词表示"花朵"以外，还可以做动词表示"开花""用花装饰""旺盛"等含义，而这种用法是汉语中的"花"所没有的。相应的，汉语中的"花"做动词时常表示"花钱""花费"等含义，这也是英语中的"flower"所没有的。可见，英语中的"flower"和汉语中的"花"表达的基本语义虽然相同，但在具体使用中，二者差别极大。因此，教师应引导学生注意词语在语言交际中产生的实际语义，从而在翻译时实现语义空缺的弥合。

2. 文化误译

文化误译是由文化误读引起的，是指在本土文化的影响下，习惯性地按自己熟悉的文化来理解其他文化。文化误译是中国学生在英汉翻译中经常出现的问题。例如：

英：It was a Friday morning. The landlady was cleaning the stairs.

误译：那是一个周五的早晨，女地主正在扫楼梯。

正译：那是一个周五的早晨，女房东正在扫楼梯。

英美国家有将自己的空房间租给他人的习惯，并且会提供打扫卫生的服务。房屋的男主人被称为"landlord"，房屋的女主人被称为"landlady"。所以该例中的"landlady"应译为"女房东"，而不是"女地主"。

英：John can be relied on, he eats no fish and plays the games.

误译：约翰为人可靠，一向不吃鱼，常玩游戏。

正译：约翰为人可靠，既忠诚又守规矩。

该例中用到的短语"eat no fish"与"play the game"的字面意思为"不吃鱼，经常玩游戏"，但在这句话中显然是讲不通的。实际上，这两个短语都有其特定的含义。英国女王伊丽莎白一世规定了英国国教的教义和仪式，部分支持此举的教徒便不再遵循罗马天主教周五必定吃鱼的规定，于是"不吃鱼"（eat no fish）的教徒就被认为是"忠诚的人"；而玩游戏的时候总是需要遵守一定的规则，因此"play the game"也意味着"守规矩"（follow principles）。不了解这些文化背景，想要正确翻译是不可能的。

可见，在英汉翻译教学中，教师应引导学生不断地扩充英语文化背景知识，要求学生在英汉翻译时根据具体语境，并结合文化背景，准确地理解原文的含义，然后选择恰当的翻译技巧进行翻译，切忌望文生义。

（三）多元文化对英语翻译教学的启示

1. 多元文化意识的培养

（1）重视不同文化背景知识的传授

当前的英语翻译教学中，教师如果只从词汇、语法、句法等字面层次来教授翻译内容，忽视从文化差异方面进行分析和判断，往往会导致学生学习翻译效果不佳，甚至出现误解和误译。

例如，在翻译"I got a photo from Jack with his John Hancock behind as a token of our friendship"时，学生可能不假思索地翻译为"杰克送了我一张背面写有约翰·汉考克的照片作为我们友谊的信物"。实际上，学生的误译在于他们对"John Hancock"这个人名的历史文化背景不了解。John Hancock是美国独立战争时期的一位领袖人物，他在《独立宣言》上第一个签下了自己的名字。为了表明自己反对英王统治和建立一个独立国家的政治立场，他的签名粗大且醒目，比宣言的主要起草人Jefferson和Franklin等人的签名大两倍还多。由于他是《独立宣言》的第一个签名者，而且签名又独具特色，后人便用他的大名"John Hancock"作为"亲笔签名"的代称。因此，这句话的正确译文应为"杰克送了我一张背面有他亲手签名的照片作为我们友谊的信物"。

（2）进行不同文化差异对比

在英语翻译教学中，教师除了加强对其他国家文化背景知识的传授外，还可以采取通过对不同国家之间文化差异的对比来提高学生的多元文化意识。例如，在翻译"这位小姐，德行温良，才貌出众，鲁老先生和夫人因无子嗣，爱如掌上明珠"时，可以翻译为"I know the young lady, and she is virtuous, gentle and beautiful. Because Mr. and Mrs. Lu have no son, they treat her like the apple of their eye"。古时候人们注意到眼睛的瞳孔像苹果，便把瞳孔称为"apple of the eye"，由于它是人身上宝贵的东西，所以英语用它来指代珍贵或宠爱的人或物，与汉语"掌上明珠"的含义类似。虽然apple与明珠形象不同，但英语读者对"the apple of one's eye"非常熟悉，所以翻译时应充分了解不同语境中的文化差异，通过对比教学来增强学生的多元文化意识。

（3）进一步加强对本国语言和文化的学习

英语翻译教学的一个重要目的是促进对外交流的平衡发展，学生不仅能将本国优秀的文化通过翻译介绍给外国人，同时还能将外国的文化和事物用准确的表达介绍给国人。比如，在旅游英语翻译中，旅游景点的介绍经常涉及中国的历史、地理、宗教信仰以及民族风情等各个方面，这就要求译者具有丰富的文化背景知识，对翻译中涉及的中国传统文化元素能够准确、适当地传达给受众，让外国游客领会旅游景点的文化内涵，同时也向外国游客传播中国的文化。因此，在英语翻译教学中，教师应鼓励学生加强汉语表达能力，增强对中华文明的学习和认知，进一步培养学生对本国文化的认同感和自豪感。

2. 注重翻译中的跨文化意识

如今，文化全球化的深入使以前无法翻译的文本都能流畅通顺地译出。从翻译技巧角度看，倘若翻译者能够挖掘某些语句的文化内涵而不是逐字翻译，便能从整体上把握原文要义，译文文本能使读者一目了然。

（1）表达意义的融合

语言中存在不同的意象。然而，面对同一个意象，来自不同文化的人们观点未必一致。比如，汉语可能会用"鼠"作为喻体形容胆小的人，正如成语"胆小如鼠"一样。在英语中，同样形容胆小的喻体却是"chicken"（鸡）或"hare"（野兔），因而翻译时可以用"chicken-hearted"或"as timid as a hare"形容胆小懦弱的人。

（2）文化渗透和语言适应

随着政治、经济、社会和人类生活的发展，文化渗透现象已经普遍存在，并对语言的语法、句子结构和语篇构成产生了深远影响。正如语言适应理论所述，语言应用的过程就是持续选择的过程，在此期间，语言的应用必须适应沟通交流的社会语境。要适应语境，则需考虑多方面因素，主要包括心理素质、社会情境和物质世界状况等。

3. 积极开展网络教学与第二课堂教学

从目前来看，我国的英语翻译教学仍沿用传统的教学策略和教学工具。在科技、经济、生活发生巨大改变的今天，传统的教学策略与工具已经无法更好地提升学生的翻译能力。基于此，教师应积极主动地探索新的翻译教学策略与教学工具并身体力行。

互联网是一种信息技术,是信息传播、整理、分析、搜寻的一种技术,其主要任务是传递信息。互联网中存储着海量的信息,且这些信息、资源的更新也非常及时。因此,在翻译教学中教师应充分发挥互联网的优势,将网络作为翻译课堂教学的补充,这样学生既可以实现由教师现场指导的实时同步学习,也可以实现在教学计划指导下的非实时自学,还可以实现通过使用电子邮件、网上讨论区、网络通话等手段的小组合作型学习等。

另外,由于翻译课堂时间十分有限,所以教师还应在课下开展一些有益于学生增加文化知识、提高翻译水平的活动,如要求学生阅读英文原版书籍、杂志,观看英文电影、电视,听英文广播等。

4. 对翻译教育者的启示

跨文化翻译中的错误的出现都有其缘由,也都能为翻译教学提供相应的启示。

一方面,学生习惯于逐字翻译。这似乎很普遍,教师应运用多种方式增强学生的跨文化意识。例如,教师可以有意识地在课堂中增添文化素材,如创设模拟情境等,并采用有效的文化对比策略,培养学生的跨文化交流能力。

另一方面,无法准确理解英语语言的结构是导致翻译不当的一大原因。因此,教师有必要引导学生阅读一些外文文章或外国文学作品等。这样,学生将会自然而然地习惯于英语的语言结构。

需要注意的是,一些学生缺乏对文化差异的理解也会导致翻译不当。教师需要引用更多丰富且实用的跨文化素材,使学生不仅能从书中习得翻译知识及技巧,还能够切实行动,从做中学。

第五章 多元文化背景下的英语教学组织与实施

第一节 课前准备教学研究

做好课前准备是完成教学活动的第一步。其中，教学目标、教学主体和教学材料是课前准备的三要素。要做好课前准备，就要设定好三要素的分析策略和选择策略。教学目标分析策略包括目标关键词化、目标行为化和目标演绎，教学主体分析策略包括对教师自身状态的分析以及对学生认知水平的分析，教学材料的选择策略包括教学材料选择的生活化、教学材料组织的结构化和教学材料传递的情境化。

一、教学目标分析策略

传统教学理论认为，教学目标有狭义和广义之分。狭义的教学目标是与学校和课堂相关联的，与学校相联系的教学目标是学校根据国家教育目的，以及学生生理、心理和知识的发展水平而制订的教学计划。广义的教学目标是教育的目的或计划，是把社会的需要转换成教育的要求。教学目标总是以一定的课程内容为媒介的，与课程内容的选择和组织紧密地联系着，是教育者对教育教学活动的预期。为了达到教学目标，这里主要探讨分析教学目标的方法。

（一）目标关键词化

教育学家、课程理论专家拉尔夫·泰勒（Ralph W. Tyler）认为，教育者应从三个来源（学生的心理发展逻辑、社会的要求和学科专家的建设）收集资料，并通过两个"屏幕"（哲学和心理学）来确定教学目标，即通过"三源二屏"来确定教学目标的设想。但该设想并没有真正解决如何形成具体的课堂教学目标的问题。之后，泰勒的学生布卢姆根据泰勒的思想建立了布卢姆教学目标分类体系，使教育者能用语言更准确地表达教学目标。

目标关键词化是指教师在制定某一学科的课时目标时，用明确、具体、有针对性的关键词来表述，使目标具有可操作性、可检验性。布卢姆教学目标分类体系将教学目标分为认知、情感、心理运动（或动作技能），每个领域的目标又由低级到高级分为若干层次。教师应把教学目标的分类作为一个整体来考虑，这对发展教育目标、归类、分组目标的设置都起着重要的作用。运用该策略最大的困难是如何区分相邻分类的关键词，特别是教学目标没有被清楚地陈述时。为了解决这个问题，教师应积极参加年级集体备课工作，分享各自的观点，集思广益。在分析和使用这个策略时，教师会发现这对实现教学目标是相当有价值的。

（二）目标行为化

行为目标的概念最早是由泰勒提出的，随后，马杰提出行为目标应包括三部分，即行为、条件和标准。教师在目标行为化的过程中应注意三个方面：首先是教师应该明确学生将要做的；其次是教师应该描述在什么条件下，学生行为将发生什么变化；最后就是教师应规定期望学生达到的行为标准或成就水平。

当时，这种观点引起了较大的争论。马杰和一些学者认为，目标行为化明确了教师的目标，并指导学生该做什么，为检验学习的结果提供了一种安排系列技巧和内容的结构方法。而另一些学者认为，目标行为化的目标量太多，程序比较烦琐，并且可能导致教师集中在低水平的认知和技能目标上，不能促进理解和全面学习。

从教学目标指导、测量和评价的功能来看，目标行为化的优点是毋庸置疑的。大致可以归纳为以下几点：①当目标行为化后，教师能设计出更合适的教学方案来满足学生的需要。而学生也能清楚地了解将要完成的学习任务，从而更有效地利用时间。可见，目标行为化后能更明确地阐述教学目的。②目标行为化给所有关心教育的人提供了可以共同讨论的理论框架，有了统一的标准，教师、学生、教育管理者和学生家长之间可以进行有效的沟通和交流。③好的学习目标实际上已经蕴含了学习结果的检测方式和评价标准，行为目标只要稍做变化即可作为测验题，因此目标行为化可以使测量更简单。

通过教师的实践表明，目标行为化虽然具有明显的优点，但也有其局限性。由于目标行为化比较适合低级水平的教学目标的陈述，因而较高级的认知目标尤其是情感领域的目标，难以从某个单一的行为中表现出来。并且如果教师太拘泥于这一行为目标，只看表面，不深究学生心理的变化，也会使教学误入歧途。另外，教师实际应用起来普遍感到困难，原因在于教师长期受传统陈述目标的影响，对他们来说，目标一旦行为化之后，反而不易理解已经列出的行为蕴含着什么样的心理变化了。由此看来，如果教师要把目标行为化策略应用在自己的教学之中，必须具备三个基本条件：①进行系统的认知心理学理论和行为心理学理论的学习，以及应用技术方面的训练；②掌握该策略的操作要求；③坚持在教学准备时自觉运用该策略。

（三）目标演绎

在目标行为化中，行为目标都是非常具体的，可以直接观测、操作，但是，部分教师很可能意识不到行为背后隐含的真正的教学目标，这就会把教学局限于表面行为，达不到真正的效果。为此，格朗伦德（N. E. Gronlund）采用描述内在心理和外显行为相结合的目标演绎来陈述教学目标，即教学目标从一般教学目标到一系列特殊的学习结果，特殊结果又和一般目标相联系（目标演绎）。

在我国的英语教育中，格朗伦德的教学目标陈述方式更易被接受。这是因为目标演绎具有以下特点：①教学目标陈述的是学习者的学习行为结果，而不是教师的教学行为，目的是引导教师关注学生的行为变化。②目标演绎适合陈述情感领域的教学目标，因为情感领域的目标往往难以用具体的行为体现，有时行为的变化并不能说明情感的发展，因此教师需要把握学生心理变化的实质。③没有提供行为产生的条件和相应的作业标准或者评价准则。格朗伦德认为，行为产生的条件和作业标准太具体化反而限制了教师在教学中的灵活性。

因此，在建立了一般教学目标后应尽量使教学目标陈述得足够具体，达到可以观察测量的目的，在描述内在能力和情感变化之后，同时要提供足以证明预期的内在变化已经出现的行为样例。如果没有行为样例，我们便失去了评价教学目标究竟是否已达到的依据。

二、教学主体分析策略

教师在课前准备时要充分考虑自己的认知风格和自我监控能力。认知风格是个体在信息加工和完成认知任务过程中个体特征的具体表现，也是一个人在感知、记忆和思维过程中所具有的稳定风格在认知活动领域中的具体体现。威特金（H.A.Witkin）把个体的认知风格划分为场依存型和场独立型。属于场依存型的人，对客观事物的知觉倾向于以外在参照作为信息加工的依据，态度和意向比较容易受到外界环境的影响。而属于场独立型的人，在认知活动中较少受到外界环境因素的影响，更多的是利用自己的内在参照来理解和判断。教师在课前准备的时候，应该对自己的认知风格加以分析。

教师在充分考虑自己认知风格的同时，还应加强自我监控能力的分析。教师对教学的自我监控能力主要包括在教学活动前要结合个人的风格、特点和经验，分析所面临的教学任务和教学环境中的有关因素（如教材、教学时间、教学条件等），确定教学目标，然后根据这一特定的目标安排教学步骤，选择策略，预先构想设计出解决各种问题（如突出重点、突破难点）的可能方法，并预估其有效性，即可能产生的效果，准备在未来的具体教学活动实施期间监控教学进程，反馈、维持或者调整教学行为。

另外，教师在考虑自身状态的同时，还应注重对学生状态的分析，确定学生的起点能力和认知发展水平，并且斟酌学生的认知风格，如学生是独立型还是依存型，是整体性思维还是系列性思维，等等。这些都是教师课前准备的参考资料。

三、教学材料选择策略

教学材料是指教学内容的各种载体。教学材料的选择要符合学生的实际水平。下面介绍几种教学材料选择的方法。

（一）教学材料选择的生活化

教学材料选择的生活化是指教师在选定教学内容时，将要教授的内容与现实生活结合起来，把学生学习的知识与他们周围的现实生活联系起来，这样不仅容易激起学生的学习兴趣，也有助于学生对知识的理解和吸收。

（二）教学材料组织的结构化

每门课程都有自己的结构，它是系统诸要素之间相对稳定的组织方式或联结方式。教学材料组织的结构化方式有螺旋式组织、累积式的层级组织、渐进分化与综合贯通式组织。如果教师在组织教学材料时是有结构的，就有利于学生对知识的掌握、迁移和回忆。

（三）教学材料传递的情境化

教师可以利用各种情境来更有效地实现教学目的。这里的情境既包括现实情境，也包括创设情境。教师在没有现实情境可利用的情况下，可以借助各种教学媒体创设情境，如创设新奇情境、生活情境、问题情境，把学生带入一个特定的氛围，这样不仅可以使学生产生浓厚的学习兴趣，而且可以让学生积极参与问题的解决。总之，教师通过创设各种各样的适合问题和教学实际的情境，可以更有效地利用教学材料，达到最佳的教学效果。

第二节　课堂组织原则与策略

一、课堂组织原则

英国语言学家埃克斯利（C. E. Eckersley）说过："语言教师最有害的缺点和最流行的通病是讲得太多。他试图以教代学，结果是学生什么也学不到。"学生的学习不是一个被动的吸收过程，学习的主体是学生，但这并不是否定教师在教学中的主导作用，而把课堂完全交给学生。教学不是简单的"知识灌输""知识移植"的过程，而是学习主体（学生）和教育主体（教师，包括环境）交互作用的过程。教师不只是知识的传授者，而且是在教学过程中指导学生，通过教学意图和策略等影响学生，把兴趣带进课堂，把方法教给学生，把学生置于主体地位，并为主体地位提供空间，使学生成为学习的行动者。

如何使英语课堂更加有效（effective）？如何把学生作为沟通与活动的主体？如何让教师和学生分享彼此的思考、见解和知识，交流彼此的情感和理念，求得新的发展，实现教学相长？这是每个英语教育工作者都在思考的共同课题。以下是我们探索的课堂有效教学组织的九大原则（首字母缩写为EFFECTIVE）。

（一）Engaging every student（面向每个学生）

这是使每个学生都学好英语的前提和保证。《义务教育英语课程标准》教学建议一开始就提出，面向全体学生，为学生全面发展和终身发展奠定基础，要为学生提供自主学习和相互交流的机会以及充分表现和自我发展的空间。

（二）Fostering confidence（培养学生信心）

激发和培养学生学习英语的兴趣，使学生树立自信心，养成良好的学习习惯和形成有效的学习策略是英语教学任务之一。

（三）Focusing on objectives（紧扣教学目标）

从学生的语言技能、语言知识、情感态度、学习策略和文化意识五个方面来整体设计教学目标，以培养学生英语综合运用能力。

（四）Eliciting participation（引导学生参与）

英语教学倡导学生在教师的指导下，通过感知、体验、实践、参与和合作等方式，实现教学任务的目标，感受成功。

（五）Connecting prior learning（联系原有知识）

根据学生原有的认知水平创设教学情境，坚持"新旧结合、以旧出新"的原则，激活学生的原有知识。

（六）Teaching explicitly（准确清晰教学）

围绕一堂课的核心语言和能力目标，设计形式多样的教学活动。教学活动设计要有明确的目的性和可操作性，体现语言的实践性和交际性。

（七）Integrating the four skills（整合四会技能）

运用听、说、读、写等多种语言实践形式，发展学生的语言综合运用能力。听和读是理解的技能，说和写是表达的技能，听、说、读、写既是学习的内容，又是学习的手段。

（八）Valuing learner autonomy（重视学生自主）

在新课程背景下，教师在课堂上要留出足够的时间与空间，积极引导学生观察、发现、归纳和实践，培养学生自主探究的学习意识与能力。

（九）Enhancing cooperation（促进合作学习）

在英语教学中，教师要积极创设尽可能多的情境，让学生进行小组活动，使每个不同层次的学生都有表现的机会。通过"pair work"和"group work"等活动中的生生互动，使全体学生各有所得，共同提高。

二、课堂组织策略

课堂组织是课堂教学的生命，课堂教学的成功离不开课堂组织策略的有效使用。

课堂活动由三部分组成：教学、管理和评价。这就要求教师不仅要具有驾驭教材的能力，还要有控制课堂的能力，即组织课堂和管理学生的能力，其中，管理制约着教学和评价的有效进行，具有促进和维持的功能。

（一）课堂教学策略

1. 先学后教策略

"先学"是指在教师简明扼要地指出学习目标、提出自学要求、进行学前指导后，学生带着问题在规定的时间内自学指定内容，完成检测性练习。这种"先学"不仅体现在课前，还体现在课中和课后。"后教"是一种基于"先学"的有针对性的教，它不是"教师讲、学生听"，而是师生之间的边教边学、生生之间的互教互学。"先学后教"是对传统课堂的一个历史性改革与突破，它强调给予学生自主学习的时间、空间和方法，使课堂教学更有目的性和针对性，更加突出学生学习的自主性、能动性，能最大限度地提高课堂教学效率和学生自主学习能力。

2. 学案导学策略

学案导学是一种新型的教学策略，旨在通过学生的自主学习，培养学生的自主探究学习的能力。学案导学策略是以学案为载体，以导学为方法，以教师的指导为主导，以学生的自主学习为主体，师生共同合作完成教学任务的一种教学策略。

这种策略要求学生根据教师设计的学案，了解教材内容，然后根据学案要求完成相关任务，在课堂上相互讨论，遇到难题时由教师加以点拨。这样的导学策略以学生为本，把教学内容的思路与学生的学路进行结合，使学生更有信心在有限的课堂时间内参与交流合作、分享成果，为学生架起从"学会"到"会学"的桥梁。这种导学策略很重要，它能起到事半功倍的作用。

3. 精讲多练策略

传统的英语课堂教学，教材中有什么教师就讲什么，他们试图以教代学，造成的结果是学生虽然掌握了一定的语法与词汇，但听、说等交际能力却很薄弱。英语是一门实践课，而不是理论知识课，英语教师不仅是语言知识的传授者，更重要的是语言技能的培训者。而语言能力的培养只"听"不"练"是不行的。所以，教师应该试着学会放手，给学生留出足够的时间，即在讲明要点之后，让学生反复操练。不管是听说课，还是阅读、写作或其他课程，都尽量给学生创造运用英语进行操练的机会。总之，在多元文化背景下教师更要转变观念，要少讲、精讲，力求少而精。

4. 小组合作学习策略

小组合作学习是以异质学习小组为基本形式，系统利用教学动态因素之间的互动，促进学生的学习，以团体成绩为评价标准，共同达成教学目标的教学活动。这种小组合作学习强调每个学生的"参与"与学生之间的"互动"，为提高课堂效率提供了有力保障。与"教师讲、学生听"为主的全班课堂教学相比，小组合作学习避免了在班额过大、学生过多的班级中相当一部分学生由于没有参与的机会而不得不"旁观"与"旁听"的局面。小组活动能营造一种互动的课堂效果和交互的情感气氛，使学生觉得更能发挥自主性，有更多、更好的机会说他们想说的话。小组活动能最大限度地调动所有学生尤其是学习存在困难的学生的学习积极性，让他们也积极参与课堂活动。

5. 媒体手段运用策略

科学技术的进步极大地丰富了教师的教学手段，教师应该充分利用学校的新型教学设施，如多媒体设备和网络，改变传统的授课模式。传统的授课模式比较呆板，不直观，而多媒体不仅形象、生动，而且能够系统地描述事物的发生过程，视听相兼，动静结合。例如，教师在教授复数形式时，可以设计如下课件：首先在屏幕上出现一棵苹果树，然后教师问"What's this?"屏幕上出现"It's an apple tree."的句子；接着树上掉下一个苹果，屏幕显示"an apple"；一阵风吹过，地上又落了几个苹果，屏幕上"an apple"中的"an"渐渐淡去，而"apple"后面渐渐出现不同色彩的"s"。这样，复数形式如何变换一目了然，也加深了学生的印象。

另外，网络资源的丰富性可以帮助教师随时找到需要的资料。例如，一段幽默英语小短剧、一个英语 flash，或是一场别开生面的英语晚会，都增加了英语课堂的信息量与趣味性，让学生在不知不觉中积累知识。教师还可以利用网络同全国各地兄弟院校的教师多交流，达到教学信息资源和设备资源共享的目的。

（二）课堂管理策略

课堂管理是教师通过协调课堂内的各种人际关系，从而有效地实现预定教学目标的过程。教学和课堂管理是相互作用、相互影响的。课堂管理的目标是争取更多的时间帮助学生自我管理，以取得最佳的学习效果。通常，实现有效课堂管理目标的策略有以下几种。

1. 合理分配时间策略

课堂的时间总是固定的，如何在有限的时间内，让学生拥有更多的学习时间、得到更多的语言操练，是教师一直在探讨的问题。教师在课堂上既要保证授课的时间，又要考虑学生消化的状况，只有处理好二者的关系，才能确保教学目标的完成。许多研究表明，学生课堂学习时间的质量与他们的成绩呈明显的正相关。因此，英语教师要合理地安排教学活动，留给学生更多合作学习和自主探究的时间与空间，使学生投入有价值的学习活动，从而提高教学效率和质量。

2. 保持教学流畅策略

英语教学的流畅性是指不断地注意英语教学意义的连续性，在从一个活动转向另一个活动时，使用尽量少的时间，并且给学生一个提示的信号，引起学生的注意。学生注意力分散和教师上课的不连续性有很大的关系，因此，教师在教学活动各环节的过渡上，要给学生一个明确的指令，让学生明白接下来要做什么，并且要求全班学生统一行动。

3. 规范课堂活动策略

规范课堂活动，并形成课堂活动规范，能帮助教师有效组织和管理课堂活动。教师是课堂活动和管理的实施者，所以在制定课堂活动规范时既要保证教学内容的完成，又要让学生积极投入教学活动。要让学生在理解和接受这些课堂活动规范的基础上，形成良好的课堂活动行为规范，使教师在组织活动时能指挥自如，确保师生配合默契，以取得最佳的学习效果。

（三）课堂评价策略

英语课堂教学改革明确要求教师在教学过程中应与学生积极互动、共同发展，要处理好传授知识与培养能力之间的关系，注重培养学生的独立性和自主性。教师应尊重学生的人格，关注个性差异，满足不同学生的学习需要，创设能引导学生主动参与的教学环境，激发学生的学习积极性，使每个学生都能得到充分的发展。这一要求构成了一个全新的课堂教学平台，对课堂教学也要采取相应的评价策略。

1. 关注学生学习行为的策略

一堂好课应以学生的发展来衡量，要求做到学生的知识与能力同时发展、认知与情感和谐发展。所以，英语课应该十分明确地凸显学生主体，以考查学生在课堂上的四种学习状态为主。一要看学生的参与状态。既要看参与的广度，又要看参与的深度。就广度而言，看学生是否参与了课堂教学的各个环节；就深度而言，看学生是被动地学，还是积极主动地学。二要看学生的交往状态。在课堂上，学生的交往状态是完成各项语言活动的重要途径。在观察课堂教学时，我们不仅要看课堂上是否有多边、丰富的信息联系与信息反馈，也要看课堂上师生之间、生生之间的交往方式是否多种多样，还要看学生在这些交往中的状态。三要看学生的思维状态。在课堂上，看学生是否敢于提出问题、发表见解，是否能综合运用语言知识和技能进行交流，是否能获得信息并完成任务。四要看学生的情感状态。在课堂上，看学生是否积极主动地参与活动，有没有适度的紧张感、愉悦感及自我控制和调节学习情绪的能力。

以上四方面是相辅相成的，只有四种学习状态协调统一，才可能对课堂教学效果做出准确的评价。

2. 关注教师教学行为的策略

要上好一堂课，课程理念很重要，因为理念决定教师在课堂教学中的具体行为。我们看一堂课是否成功，除了看学生的学习状态，还要看教师的教学行为。一要看教学目标是否做到知识与技能、过程与方法、情感态度与价值观三个方面的内在统一，是否因材施教，按照多元智能理论制定不同层次的教学要求；二要看教学内容是否体现基础性、现代性与综合性的统一；三要看教学方法是否运用恰当，选择方法时是否以自主、合作、探究为标准；四要看教学过程是否留给学生发挥主体性的空间与时间。

3. 关注教师教学技能的策略

一堂好课，还应该由教师高超的教学技能来辅助。教师高超的教学技能能使学生学得轻松、快乐、扎实、有效，这种高超的教学技能来源于教师的基本素养、刻苦的磨炼和对教育事业不懈的追求。教学技能的具体表现包括媒体的恰当使用、课堂的驾驭能力、语言规范、教态自然、板书端正等。

第三节 课堂提问原则与策略

一、课堂提问原则

提问是教师以问题的形式，通过师生的相互作用，运用知识检查学生学习的教学行为方式。它能引起学生的注意和兴趣，巩固知识，纠正错误，促进思维的发展。

低水平的提问不仅会挫伤学生学习的积极性，也无法正确考查学生的学习效果；而高质量的提问可以培养和提高学生的认知水平和解决问题的能力，培养学生的自主学习能力，调动学生的学习积极性，激发他们进一步学习的动机。因此，教师在提问时要遵循一定的原则，才能起到应有的效果。

（一）兴趣性原则

学生的学习兴趣是学习的内在动力，如果教师的提问能激发学生的学习动机和兴趣，他们就有学习的动力，这是启发教学的关键所在。为此，教师要从教材和学生的心理特点出发，提出具有启发性和挑战性的问题。同时，教师要善于抓住提问的最佳时机，激发和保持学生的兴趣。一堂课开始时，学生的思维还处于平静期，教师可以多提一些事实性或展示性问题（display question）。这类问题有明确答案，大都是信息再现性的，不同回答者的答案大体相同，这有助于激发他们的学习积极性和学习兴趣。随着课堂的推进，当学生的思维处于高度活跃的时候，教师可以多提推理性、开放性或参考性问题（referential question）。这类提问没有固定答案，要求学生根据材料发挥自己的想象力，做出创造性的回答，这就有助于学生分析和理解所学知识的内容，进一步强化学习兴趣，并使学生保持积极的思维状态。需要注意的是，学生的思维一旦转入低潮，那就要提一些强调性、巩固性的问题，重新激发学生的学习兴趣，防止学生注意力的转移或厌学行为的出现。

（二）启发性原则

教师的提问要有启发性。这类提问重在其价值和意义，能启发学生的思考和求知欲，刺激绝大部分学生参与活动，促进学生思维的发展，调动学生思维的积极性，引导学生自主探究，在探究中培养创造力、发展思维能力。根据课型与类别的不同，教师可采用书面提问、连锁提问和换向提问等来启发学生思维。当学生的回答过于简短时，教师应追问，鼓励其解释、扩展和说明，从而不断地启发学生的思维。对于知识的难点、模糊点，进行有针对性的提问、点拨，以便有的放矢地帮助学生突破难点，帮助学生改变孤立的、片面的和形而上学的认识，从而形成辩证的、全面的认知结构。

（三）整体性原则

提问是为了调动全体学生积极的思维活动，既要提问学习主动的学生也要提问学习不主动的学生，不应置大多数学生不顾而形成"一对一"的回答场面。有的教师习惯于"点名字—提问题—答问题"的传统提问方式，这样造成其他学生知道提问与己无关，就会不动脑思考，导致达不到提问的整体性效果。因而，教师应该多采用"先提问题，后点名"的方式，使全班同学都能够得到思维的锻炼。同时，在提问之后要给学生留有足够的准备时间，以供其思考，否则会造成学生思考时间不足，回答问题的质量不高，语言输出的机会变少的局面。

（四）科学性原则

课堂所提的问题必须符合学生的认知特点，适合学生已有的认知水平，运用学生能够明白的词汇，而且问题的答案要准确、清楚，切忌模棱两可、含混不清。例如，低年级的学生对语法知识的学习还都比较浅显，如果教师在课堂上讲课文中的例句时，提问"主谓一致的原则是什么"，那么学生就会茫然，因为这已经超出学生的认知范围。因而，类似这种提问就不符合科学性原则。教师在授课中，必须考虑到大多数学生的实际水平，选择一个"最佳的智能培养高度"进行设问，使大多数学生通过努力思索后能够回答，即在学生"跳一跳能够得着"的高度上，以充分调动学生思维的积极性。

（五）层次性原则

层次性原则要求教师紧扣教学重点、难点和关键点，分析教学内容的内在联系、逻辑顺序和学生已有的知识与能力，按照由浅入深和由感性到理性的认知规律，由易到难，循序渐进地设计一系列问题。像知识回忆、概念定义之类的低层次的机械记忆问题，答案都局限在课本知识的范围内，对学习一般的学生可以提这类问题。而对于高层次的认知问题，如分析应用、综合理解、总结评价类的问题，必须通过分析、比较、评价、应用、扩展、重组或总结等方法，改变已知信息的形式或组织结构，经过高级认知思维方可得出答案，对于这类问题的提问比较适合那些善于思考、基础较好的学生。

（六）互动性原则

传统的课堂提问多遵循"教师提问、学生回答"的固有模式，学生的课堂行为受制于教师的指令，不仅十分被动，也会造成课堂气氛沉闷、压抑。因而，教师在提问时要有民主作风，让学生有插话和提问或发表不同意见的机会。提问时，教师态度要亲切和蔼，以消除学生的紧张心理。教师要认真听取学生的回答，并做出激励性评价，要善于运用夸张的语气和鼓励性的言辞去激发学生求知的欲望，要倡导学生向同学和老师提出问题、积极参与课堂活动，形成师生互动、生生互动的良好氛围。

二、课堂提问策略

课堂提问是否有效，取决于提问的策略是否运用得当。在提问的不同阶段，即准备问题、提出问题、组织答案和提供反馈等，都应运用不同的策略。因此，课堂提问策略可分为四部分：提问计划策略、问题设计策略、提问控制策略和提问评估策略。

（一）提问计划策略

教师在备课的时候对要提的问题要做到提前准备，即便是经验丰富的老教师也要尽量这样去做，因为即兴提问虽然比较灵活，但是往往会出现语言组织方面的问题，或是出现顺序安排缺乏逻辑性的问题，很难达到预定的教学目标。因此，在正式课堂提问之前，教师应针对将要进行的课堂提问从提问的目的、提问内容、问题的组织、预测提问出现的问题等方面做好充分的准备工作。

1. 明确提问的目的

提问目的的明确是提问活动开展的前提。教师在备课时要明确课堂教学中提问应达到的目的，一个没有目的的提问是无效的提问，因为不同的课型、不同的课堂教学目标会有不同的提问目的。同理，提问目的发生变化，问题的类型、层次，甚至提问的策略也会发生改变。

2. 确定提问的内容

课堂的时间是有限的，教师也不可能把所有的问题都提问，因而教师在提问的内容上就要有选择性。教师不应只依据问题的难易来提问，而应根据教学目标、内容的侧重点来提问。在教学内容的重点以及难点上要着重提问，这也是给学生一个暗示，让学生明白哪里是重点，如果教师只是提问不重要的细节就会误导学生。

3. 关注问题的组织

教师在组织问题时要关注多方面信息。首先，问题的答案要丰富，要尽可能地避免使用一般疑问句；其次，提出的问题不能太笼统，应具体化，使提出的问题符合学生的实际水平，能被学生理解并有思路可循；再次，问题要有足够的弹性，留有足够的时间，给学生足够的发挥空间；最后，问题的答案不应在题干中出现，类似于"Don't we agree that Chuck is alone on the island?"这样的问题很难激发学生的兴趣，甚至会让学生感觉过于简单，进而丧失学习的兴趣。

4. 预测提问出现的问题

教师在计划问题时要尽可能对学生的回答进行预测，充分考虑问题的性质。例如，这是展示性问题，还是参考性问题；希望学生运用自己的语言回答，还是用所学材料中的语言回答；希望从学生那里得到问题的解决方式还是其他；当学生的回答不恰当时，该怎么办；如果进行点拨，要用什么样的方式和语言；如果学生拒绝回答，该怎么处理这种情况。这些问题都需要教师做一些预测，防止一旦出现上述情况，教师就不知所措。

（二）问题设计策略

问题设计策略是指提问阶段教师选择恰当问题的方法和技巧。由于提问的方式、问题的类别制约着问题的有效性，因而，教师要尽力给予学生有趣的、具有挑战性的和创造性的问题帮助学生理解课文。在设计问题时要注意以下几个方面。

1. 结合实际，讲究趣味性

教师要多提一些与学生生活息息相关的问题。教师有时不必太拘泥于教材，可以灵活处理教材的内容，要活化教材，增加一些既基于课文又与生活相关的问题，这样更容易引起学生的激烈讨论，提高学习课文的兴趣。

2. 由浅入深，体现层次性

教师可以从不同的角度，由易到难设计问题，创造一种能够使学生多方面、多角度进行思考的情境，并获得成功的机会。

3. 突出主体，发展思维性

教师在设计问题时要坚持学生"唱主角"，发挥学生的主体作用，让学生去主动发现"为什么"，引导学生去思考，培养其创造性的思维能力，让他们始终处于主动探究、主动思考的状态，有意识地培养他们的思维能力和自主学习能力。

4. 提问类型，注重启发性

设计问题时少用展示性问题，而多用参考性问题。参考性问题由于其没有标准答案，有利于启发学生的想象力，学生会积极地思考、踊跃地回答，促进学生语言的输出。

（三）提问控制策略

提问控制策略是指在提问过程中有意识地调整提问的方式，对教学的内容和进度起着控制的作用。教师在提问时，应面对所有的学生，让所有的学生感觉到教师是在面对自己说话，从而集中精力于课堂活动中。学生的性格各不相同，有的学生容易走神，有的学生比较腼腆，有的则可能做小动作。教师可以提问腼腆的学生，锻炼他们的勇气，唤回走神学生的注意力，同时也鼓励学生提出问题，有效控制小组活动，使教学得以顺利进行。当学生不能回答提问时，教师要了解学生的具体情况，适当给予提示和启发，帮助学生寻找问题的答案。另外，教师在提问时，要合理控制提问等待时间，给学生留有足够的思考时间，同时应经常变换提问的方式、问题的种类、提名的顺序，使全体学生的思维处于高度活跃和积极的状态，并集中注意力。

（四）提问评估策略

提问评估策略是提问有效进行的保证，应及时对学生的提问或回答给出应有的评价。为了使提问真正发挥应有的作用，在学生回答问题之后，教师一定要对学生的答案进行及时、恰当的反馈；学生也需要对自己的回答究竟是值得称赞还是要有所改进，甚至应当纠正等进行了解。教师对学生的回答评估常可以采用表扬、鼓励、引用以及使用非言语行为（如面部表情、身体语言等）来完成。教师的评价用语不能过于公式化，对学生回答问题的不同表现应选用不同等级的评价用语，把对学生活动的真实感受传达给学生，使评价用语形成一个等级系列，并成为课堂教学的真实交流的一个组成部分。例如，"Excellent!" "Perfect!" "Wonderful!" "Very good!" "Good!" "Well done!" "Adequate!" "Need improvement!" "Not too Bad!" 等。有研究表明，大部分学生比较喜欢教师采用引用策略。教师引用学生的答问语言会让学生感到有成功感、认可感，能唤起学生足够的自信，从而默默地为达到更高的目标去学习。同样，学生能从教师的非言语行为中感受到教师的信任、鼓舞和激励，从而增加学生回答问题的自信心，促进学生参与课堂活动的积极性，以取得最佳的课堂教学效果。

第六章 多元文化背景下英语教学与信息技术创新

第一节 多元文化背景下英语教学与信息技术整合概述

一、信息技术与课程整合的背景

由于信息技术的飞速发展，多媒体和网络技术的日臻完善和普及，中小学信息技术教育水平不断提高，软、硬件环境不断完善，加之深化教育改革，全面推进素质教育，培养具有创新精神和实践能力的高素质人才和劳动者的社会需要，教育信息化得到了各阶层的重视，我国的信息技术教育进入了快速发展时期。特别是在多元化背景下以及近几年在新课程、新教法的基础教育改革中，先进的教学理念、以学生为中心的教学方式的提倡、各种形式的教师信息技术能力培训等因素的综合影响下，信息技术教育的发展应用跃上了一个新的台阶——信息技术与课程整合。广大教育工作者从认为信息技术是计算机课程教育的认识飞跃到更高更深的层次，即信息技术必须融入教学，必须和学科课程相整合。信息技术与课程整合成为教育信息化进程中理论研究与实践探索中的热点问题。

迄今为止，我国基础教育信息化的发展十分迅速，教育信息化基础设施已初具规模，教师、学生的信息素养教育得到了广泛的重视，对于信息技术与课程整合的课题研究，各教学研究部门和有条件的学校都投入了较大的力量进行实践研究并已取得很多可喜的成果。信息技术与课程整合是当前教学改革的新视点，将信息技术作为改革传统课堂的有效手段，将其和学科课程教学融为一体，优化教学过程和学习过程，促进学生的全面发展、个性发展，构建数字化的学习环境，实现数字化的学习成为信息技术与课程整合努力的方向。但是这个过程不可能一蹴而就，需要广大教师和教育工作者逐渐积累成果。在这个积累的过程中，粉笔和黑板的作用逐渐淡化，多媒体和网络的应用逐渐普及；在这个积累的过程中，普遍采用的传递—接受的主流教学形式将与多元化教学形式共存，教师和学生的角色都要被重新定位，单纯性的教师讲学生听、教师问学生答的教学局面将被改变；在这个积累的过程中，学生学习的主体性地位将不断提升，学生主动学习、协作学习、发展个性，注重实践能力的意识和创新精神将不断提高。

二、英语教学与信息技术整合

信息技术与学科课程整合是信息技术运用于教育的核心信息技术与学科教学的整合，应从教育观念、学习内容、教育形式、教学手段和方法、教育资源等方面实现。

整合（integration），在英语中的主要含义是综合、融合、集成、成为整体、一体化等。最早将其作为专门术语使用的是英国哲学家赫伯特·斯宾塞，以后，整合就成为生理学、心理学、人类学、社会学、物理学、数学、英语、哲学等多学科共用的专业术语。而在不同的学科中，整合都具有独特的含义。

整合是相对于分化而言的。从系统论的角度说，整合是指一个系统内各要素的整体协调、相互渗透，使系统各要素发挥最大效益。我们可以将教育、教学中的整合理解为教育教学系统中的各要素的整体协调、相互渗透，以发挥教育资源的最大效益。

从理论上来讲，课程整合是对课程设置、各课程教育教学目标、教学设计、教学评价等诸要素做系统的考虑与操作，也就是要用整体的、联系的、辩证的观点来认识、研究教育过程中各种教育要素之间的关系。

课程整合是使分化了的教学系统中各要素及其各成分形成有机联系，并成为整体的过程。

比较狭义的课程整合通常是指考虑到各门原本分裂的课程之间的有机联系，将这些课程综合化。相对广义的理解是：课程设置的名目不变，但相关课程的课程目标、教学与操作内容、学习手段等课程诸要素之间互相渗透、互相补充，当这些相互渗透和补充的重要性并不突出，或者已经非常自然，到了潜移默化的程度时，就没有必要提出整合；反之，就需要强调整合。

信息技术与课程整合是国内外计算机学科教学与应用长期探索、实践、反思的结果。信息技术对教育教学有重要的作用，这已成为世界普遍认同的公理；学校也都大量地投入资金进行了信息化环境的建设，但计算机却始终游离于教学的核心之外，这种客观现实的存在也成为不争的事实。显然，为了使计算机的优势真正被教学利用，在它们之间的补充、渗透没有达到自然融合的时候，强调信息技术与课程的整合是非常必要的。经过专家、学者、教师们长期的理论与实践探索，信息技术与学科课程整合的概念逐渐清晰和明朗起来了。

信息技术与课程整合的概念有不同的表述方式。何克抗教授认为，信息技术与课程整合的本质与内涵是要求在先进的教育思想、理论，尤其是主导——主体教学理论的指导下，把计算机及以网络为核心的信息技术作为促进学生自主学习的认知工具与情感激励工具、丰富的教学环境的创设工具，并将这些工具全面应用到各学科教学过程中，使各种教学资源、各个教学要素和教学环节，经过整合、组合、相互融合，在整体优化的基础上产生聚集效应，从而促进传统教学方式的根本变革，达到培养学生创新精神与实践能力的目标。李克东教授则指出，信息技术与课程整合是指在课程教学过程中把信息技术、信息资源、信息方法、人力资源和课程内容有机结合，共同完成课程教学任务的一种新型的教学方式。

英语教学与信息技术整合，就是以英语学科为中心，把信息技术与学科教学有机地结合起来，从根本上改变传统教和学的观念以及相应的学习目标、方法和评价手段。具体来说，就是要将英语教学与信息技术的教与学融为一体，追求信息技术在促进教师教学、学生学习和学生全面发展方面的实效，发挥信息技术优势，冲破传统教学模式的缺陷和不足，革除传统课程教学中的弊端。

在英语教学与信息技术整合的实践活动中，教师应以"以人为本"的课程理念和教学思想为导向，通过教学设计，以符合学科特点和学生学习需求的方式高效益应用信息技术，追求信息技术在促进教学、学习和学生全面发展方面的实效性。

三、英语教学与信息技术整合的发展与特性

（一）英语教学与信息技术整合的发展

根据我国学者戴正南、黄正光的研究，可以把信息技术与英语课程整合的发展分为四个时期：萌芽时期、发展时期、深入时期和网络化时期。

1. 萌芽时期（19世纪末至1939年）

我国学者普遍认为，教育信息技术辅助教学的萌芽阶段始于19世纪末。那时，"直接教学法"的倡导者们推出了"魔灯"（实际上就是一种多光源的光学投影仪），学生一面看图像，一面跟着教师说英语。这就是今天的实物投影仪，它开创了现代教育技术辅助外语教学的历史。

20世纪发明了唱片和留声机，它们在外语教学中的运用取得了很好的效果。丹麦语言学家Josperson说："录音器（唱片和留声机）对于外语教学有不可估量的、巨大的帮助。"

1925年，日本开始了英语广播教学。

1930年，德国出版了第一部论述外语教学中使用录音的教学法论著《新语言教授中的留声机》。

1935年，苏联发行了第一套英语教学唱片。

1939年，苏联开设了第一个英语电影课程。

2. 发展时期（1939年至20世纪70年代末）

1939年，美国的高校开始使用录音带辅助语言和语言实验。它标志着教育技术辅助外语教学进入了新的发展时期。这一时期是"听说教学法"的鼎盛时期，大量的语言实验室被运用于外语教学。语言实验室所具有的功能对"听说教学法"的推广起了相当大的作用。

1954年，日本开始举办英语广播电视节目。20世纪五六十年代，"听说教学法"一统天下，语言实验室的发展也进入了黄金时代，出现了一大批好的外语教学声像资料，并广泛地应用于外语教学。

20世纪70年代，电子通信技术的发展为教育信息技术辅助英语教学奠定了更为先进的物质基础，各种不同类型的录音机、录像机、计算机等为英语教学的学习创造了更为丰富的教育手段和教学环境。

3. 深入时期（20世纪80年代至90年代中期）

20世纪80年代到90年代是以计算机、多媒体为核心的现代教育信息技术的纵深发展时期。由于计算机语言与信息技术的发展，把有声语言离散采样，进行数字编码、储存、还原、加工，集声、光、色、字为一体，大大提高了教育效果，并改进了教学模式。这有助于个别化教学、探索式学习，有利于实现人机交换的智能型教学模式的开展。

1985年，美国启动了一项"2061计划"，1989年正式公布。该报告特别强调学生应具有善于将自然科学、社会科学与信息技术三者结合在一起的思想与能力。"2061计划"将中小学12年应学会的科学文化知识重新归纳分类。在这些新分学科中，每科都力图渗透"自然科学、社会科学与信息技术"三者结合的思想。这是最早的信息技术与各学科相整合的思想。

4. 网络化时期（20世纪90年代后期至今）

20世纪90年代后期至今可以被称为网络化时期。在这个时期，教育信息技术发展强调人与教育技术的整合，强调科技以人为本。教育技术的发展重心在如何使技术更接近或模拟人的大脑，模拟人的智能。而信息技术在英语教育课程整合的运用发展的轨迹和趋势是：从单媒体到多媒体的运用，从过去的听或说转变为视听说，从视听说到英语的阅读、写作、翻译等课堂教学，从"打开机器、对对答案"的教学模式到学生自定学习步骤的个性化、智能化、交互式、合作学习，从视听说教师转换到学生的指导者、辅导者、合作者，从原来的语言实验室教学到校园网教学，从本土化的教学、大国际的网络教学到全球一体化教学，等等。所以，现在是英语教学与信息技术整合的更为广阔的创新发展时期，也是一个以现代化、网络化、数字化、智能化、系统化、多元化和一体化为主要特征的新时期。

（二）英语教学与信息技术整合的特性

1. 整合的可能性

从教师方面来看，计算机知识正在教师队伍中普及，而英语教师具有先天优势。从学生方面来看，信息技术课已列入基础教育的必修课程，信息技术的基础知识已逐渐被学生掌握。从学校的硬件设施来看，广大学校已拥有了多媒体教室、网络教室，办公也是自动化，并且计算机的数量在不断增加。走在前列的学校已办起了校园网，接通了互联网，甚至每间教室都成了多媒体教室，每个办公室都成了课件制作室。这些硬件设施为信息技术与英语学科的整合提供了可靠的保障。现代化的教育设施为开展教育现代化打下扎实的基础。以教育信息化带动教育现代化，这是教育改革的核心任务。

2. 整合的必要性

传统的英语教学模式是以教师为中心，知识的传递主要靠教师对学生的硬性灌输，其主动性和积极性难以发挥，不利于创造性人才的培养。信息技术为英语教学注入了新鲜血液并带来了活力。信息技术能将抽象的内容具体化，使晦涩难懂的内容变得生动，很容易实现情境教学。信息技术已经在英语课堂上起到了至关重要的作用，进行英语教学与信息技术的整合显得非常必要。在英语教学中，有些教学环节运用多媒体技术可以达到事半功倍的效果。如进行词汇、语法练习时，多媒体呈现的速度更快、容量更大。又如，在背景介绍、听力练习中，多媒体课件图文并茂，加上声音、动画、影像，可使学生更直观地获得感性认识和文化信息。信息技术与英语学科的整合既成功地导入了新课、优化了教学过程，又增强了学生的学习兴趣、激发了学生的求知欲望。

3. 整合的有效性

信息技术是现代教育技术的重要代表，是英语教与学中的一柄"双刃剑"，充分发挥信息技术以及多媒体网络设备的工具性功能和互联网强大的资源共享的优势，能使信息技术恰当、有效地融入英语教学，从而提高教学质量和效率。英语教学与信息技术有效整合，一方面，可以创新教学模式，增大教学容量，突出教学重点，给学生提供真实的语言情境，增强学生学习的实践性、主动性和自主性，从根本上改变传统的教学观念和模式，优化教与学的过程；另一方面，这种整合也有利于学生形成合理并有效地利用信息技术进行学习和应用英语的策略，培养学生的创新思维和实践能力，以及获取信息、处理信息、传输信息、运用信息的能力。英语教学目标通常有听、说、读、写等方面的要求，相应的教学内容应包含文字、语音和视频等不同媒体的信息。但是在传统的纸质教材中，有关语音和活动影像的内容无法与文字内容组成一体化的教材，只能以教科书、音频、视频各自独立的形式，束缚教师的手脚，限制学生的思维，与超文本方式组织的图、文、音、像并茂的丰富多彩的电子教材不可同日而语。

4. 整合的协作性

整合的协作性，首先体现在学生互相学习、师生互动、生生合作，从而得到团队的帮助和启发，共同参与完成学习任务。要强调信息技术的普遍应用，充分发挥信息技术的优势，为学生的学习和发展提供丰富多样的教育环境与有利的学习工具。其次，以多媒体计算机技术和网络技术为主的信息技术具有交互性、超文本性与网络化等特性，使个别化学习、协作式学习和发现式学习得以结合，极大地拓展了英语教学的领域，培养学生的创新精神和实践能力。

5. 整合的开放性

整合的开放性体现在探索和构建新型的教学模式上。这种模式实现了整体教学与个体指导相结合、知识传授与教学信息反馈相结合，真正实现"因材施教"。将英语的学科知识、需要的跨学科知识建成资源库，学生经过简单处理就能很快利用资源。为了方便学生到更广阔的知识海洋中去寻找知识宝藏，利用网络搜索引擎收集、检索相关信息，充实、丰富、拓展课堂学习资源，提供各种学习方式，让学生学会选择、整理、重组、再应用这些更广泛的资源。这种对网络资源的再组织，有力地促进了学生的自主学习。

四、英语教学与信息技术整合的内容与模式

（一）英语教学与信息技术整合的内容

1. 信息技术与英语教师的整合

信息技术的迅速发展和广泛使用，丰富了教学资源和教学手段，从而对英语教师提出了更高的从业要求。因此，广大英语教师必须实现教育教学意识的现代转换，构建复合的知识结构，完善人格品质。

（1）展现人格魅力。无论信息技术如何发展，始终无法代替教师作为领路人的作用，代替不了教师的人格影响。在知识传授渠道极大丰富以后，教师的价值更多地体现在人格影响方面。因此，英语教师必须树立崇高的职业理想，不断增强自我意识和使命感，要像诗人一样富有灵性、悟性和冲动，以鲜活、旺盛的创新精神和创造能力去面对每次不同主题、不同内涵的教学活动。一个人的自我评价往往是其事业是否成功的重要标志，每个教师都要

善于认识自己、发现自己,并不断追求成功。此外,还必须树立团队意识,善于合作。教师人格魅力的影响对学生而言是潜移默化的,教师之间必须在竞争的基础上进行合作,在合作的基础上进行竞争。

(2)更新教育理念。教师应树立以学生发展为本的观点,在教学过程中以学生的身心发展特点和成长规律为出发点,采取有效的方式或手段,把沉睡在每个学生身上的潜能唤醒,培养学生正确的治学态度、科学的思维方式、丰富的精神世界和高尚的道德情操,要重在激发学生的学习与研究兴趣。作为学习的组织者和指导者,英语教师要树立学生主体的观念,应充分尊重学生主动学习的权利,给学生提供学习的条件和机会,帮助学生主动参与,鼓励学生自己发现课题、收集资料、处理信息、思考问题。在教学过程中,教师应发挥在认识问题的方法和理解问题的系统性方面的优势,培养学生的探索精神、创新精神与求异思维。在信息技术迅速发展和广泛运用的社会中,学习方式以创新性学习为主要特征,教师被学生问倒的现象并非偶然发生。因此,教师也要向学生学习。只有确立先进的教育民主化观念,突破传统师生关系上的领导与被领导、管理与被管理的状况,建立科学、民主、平等的新型师生关系,才能更好地适应形势发展的要求。现代教育思想就是要运用现代教育理论和现代信息技术,通过对教学过程和教学资源的设计、利用、评价和管理,实现教学优化的理论和实践。英语教师作为课程的领导者和组织者,必须树立现代教育思想观念,克服传统的教育教学观念,运用现代教育技术探索、构建新型教学模式,通过构建新型教学模式促进现代教育技术环境和资源的开发,建设现代化教学体系,优化教学全过程,提高教育教学质量,为社会培养新型人才。

(3)优化教学方法。增大课堂信息容量,优化课堂教学方法,是课堂教学的中心任务。实践证明,学生英语能力的形成,靠的是自己的英语语言实践。运用教育信息技术,能充分调动学生学习的主动性和积极性,发挥学生主体参与作用,融教法、学法于一体,加快课堂节奏,增加课堂信息容量,加大语言输入量,尽量为每位学生提供更多的语言实践机会。在教学英语口语时,可以把重难点,即情景对话、图片、板书要点都设计制作成课件,大大节省了讲解和板书时间。教师可以精讲多练,加快课堂节奏,并保证讲课逻辑环环相扣。可以在进行阶段性复习或总复习时对已学的众多知识进行系统的整理和归纳，存入电脑，或制成可供学生自学、复习的学法指导或资料库。利用计算机的网络性，学生可以随时随地调用所需的资料，在很短的时间内便可形成一个完整的知识网络。这样就优化了教学方法，大大提高了课堂教学效果。

英语教学与信息技术的整合是一次革命性的教学观的转变，随着它在教学中的不断渗透和深化，教师的角色也由权威的指导者、知识的给予者转变为学习的促进者、协调者和监控者，教师既是学习资源的组织者，同时本身也充当一种资源。这种角色的转变需要教师善于创设平等、自由的学习气氛，以促进师生之间、生生之间充分地交流、讨论；需要教师帮助学生对自己的学习状态和学习策略进行有效监控和调节；需要教师探索更为适宜的评价方式，全面评估学生的学习过程和结果，并及时地给予反馈和鼓励。

（4）提高技术水平。信息技术作为一种技术手段和学习资源运用到英语教学中，能对学生的学习达到一举多得、事半功倍的效果，然而正确、高效地运用这些信息技术也对教师提出了更高的要求。英语教师需要将素材资源库与制作平台相结合，根据教学实际，充分利用现有条件下的教学软件，并从中选取适合教学需求的内容编辑制作使用的课件；需要灵活运用 Office 系列软件，如 Word 文档处理、PowerPoint 幻灯片式图文展示、Front Page 编辑制作网页等。完全掌握这些最基础的信息技术手段对于一线英语教师还有一些难度，需要不断地培训和学习。信息技术在教学中的应用重在信息的获得、筛选与运用，技术是获得和加工信息的工具。课程整合将信息技术看作各科学习的一个有机组成部分，它要在已有课程（或其他学科）的学习活动中有机结合使用信息技术，以便更好地完成课程目标。但整合不等于混合，它强调在利用信息技术之前，教师要清楚信息技术应用于课堂的优势和不足，以及学科教学的需求，设法找出信息技术在哪些地方能提高学习效果，使学生完成那些用其他方法做不到或效果不好的事，使信息技术成为一种终身受用的学习知识和提高技能的工具。

如何将信息合理地展示给学生，将对学生的英语学习产生很大的影响。集图形、声音、动画、文字等多种信息功能于一体的教学资源，以全方位、多层次的形式吸引学生，增加信息获取量，使英语课堂教学更为生动活泼、趣味盎然，让学生如身临其境，自始至终都保持强烈的兴趣，从而易于接受与记忆新的语言材料和学习内容。要充分发挥以计算机为核心的信息技术的优势，扩展课堂容量，提高教学效率。英语教学与信息技术有效整合的关键，在于教师能否认真钻研教材，依据学科特点和教学实际，开发出适宜课堂教学实际的 CAI（Computer Aided Instruction，计算机辅助教学）课件，真正发挥现代化教学设施的效益，给整合提供有力的技术支持，切切实实地提高课堂效率和教学质量。CAI 课件的设计，必须结合教学实际，根据学科教学目标与教学任务，因材制作，因人施教，灵活运用。作为英语学科，CAI 课件的设计应从着重培养学生的听、说、读、写的综合能力出发，创设语言情境，激发学习动机，启发、引导学生对所学内容的正确理解和运用，并且突出重点、难点，提高学生的综合语言运用能力。

（5）加强理论素养。在日新月异的信息社会里，教师必须不断"充电"才能顺应科技的进步和社会的发展。从这个意义上，教师也要做终身学习者。作为一种新的课程设计思想和教学模式，信息技术与课程整合有着很深的理论背景，主要包括心理学、知识论、社会学和教育理论。对课程整合有重要影响的心理学理论有发展心理学、多元智力理论、成功智力理论等。20世纪后期，科学技术飞速发展，信息传播快速广泛，知识更新加快，人类社会的生活方式也随之迅速变化，使得人与人之间的理解和合作更加重要。世界各国社会的民主化和多元化、经济的市场化都要求学校课程以新的内容与新的组织形式来适应这些社会变化，满足学习者个性发展的多元化需求，这些构成了课程整合的社会学基础。同时，课程整合的理论基础还应包括建构主义学习理论。建构主义学习理论主张学生是学习中心，是信息加工和意义的主动建构者。所有这些都为信息技术与课程整合的进一步发展提供了理论指导。教师要不断学习这些新的理论，努力搞好教育教学。教师是实现整合的关键。现代教育理论认为，教师不再是传统意义上的课堂教学的主宰，而是教学的组织者，学生的指导者、合作者，学习的促进者。因此，教师与技术的整合是教学中的首要问题。教师要勤于学习现代教育理论和教育技术，熟练运用各种教学所需的软件与多媒体技术，并积极、自觉地运用网络，获取最新信息，追踪英语教育理论与实践的前沿研究成果，提高自己的理论研究水平，丰富自己的教学资源，并将这些运用到课堂教学中。这既可以激发学生的兴趣，引导学生自觉运用技术协助英语学习，又可以创设良好的课堂情境，为学生学习知识和锻炼语言运用能力创造条件。由于学习资源的极大丰富，教师在筛选学习资源、组织学习资源、传递学习资源方面的主导性作用特别重要，教师就是网络知识海洋中的"导航者"。

（6）提升科研能力。教师应在教学之余，通过互联网收集各种有关英语学习和教学的网站。一方面，收集积累教学和学习素材，丰富课堂教学材料；另一方面，通过较好的英语教学研究网站进行网络在线学习，拓宽自己的教学研究视野，提升自己的专业水平和业务能力。例如，基础教育英语教学与研究网站、中国计算机辅助语言教学研究网站、教育技术通讯网站、人教社英语网站等，这些都是专业的英语学习和信息技术结合的网站，一定能从中获益。在利用信息技术整合英语学习和教研的过程中，师生能够教学相长。学生掌握一定的计算机技术，能够帮助教师解决信息技术运用中的相关问题，从而提高课堂教学效率。一方面，教师向学生学习技术和应用；另一方面，学生也在应用中巩固并提高了技术和利用技术学习的能力，增强了英语学习的兴趣，不仅实现了教学相长，而且密切了师生的关系。对英语教师来说，建好、用好英语网站不仅为了共享教学资源，方便自己的教学，而且要利用英语网站发布信息，在全国乃至全球范围内交流教学经验，开展合作研究，交换学术成果。英语教师可以通过互联网上的网络讨论组组织学术讨论活动或召开英语教学研讨会，把最新的教学成果推出去，让更多的英语同行和英语学习者受益。英语教师还可以把自己的优秀教案、课件等放在学校的网站上共享，扩大影响。

（7）提倡终身学习。英语教师作为课程的设计者和开发者，要使自己适应形势发展的需要，就必须不断地学习。不仅要具备普通教学的基本素质，还要具备计算机技术、视频技术、音频技术、通信网络技术、影视技术、编导理论等方面的基本知识；必须掌握多媒体网络化教育环境下进行多媒体网络教学、利用多媒体技术进行教学设计的知识技能，必须密切追踪当代科学技术、社会人文领域的最新研究动态和成果，具备基本的科学人文知识，强化网络意识和网络文化适应意识；应富有敏锐的职业洞察力、卓越的教学监控能力，高效地解决教学过程中的各种问题。由观念适应到知识适应、技术适应乃至文化适应，英语教师应实现终身学习，全方位地加强自身适应信息化生存环境的能力，成为信息化教育中的行为主体。

2. 信息技术与学生的整合

学生是教学的中心，是学习的主体。信息技术和多媒体技术所特有的集声、光、色彩、图片、动画和影像等于一体的影音效果，使学生接受多种途径的感性刺激，有利于对知识的记忆。而通过网络所获得的有益教学的信息则是传统教学所无法比拟的，因此它能激发学生的学习兴趣，并能充分发挥学生的主体性。学生将所学与信息技术结合起来，通过探究和发现进行学习。如为准备一个课题的学习，学生利用百度等搜索引擎在互联网上搜索、筛选、选择和分析相关信息以及有关音像资料；还可以跨学科学习同一课题，拓宽视野，培养创新精神。这样，学生从传统的知识被动接受者转变为主动发现者、建构者，并养成自主学习的习惯。信息技术成为学生的认知助手和培养研发能力的工具，成为辅助英语学习的助手。

（1）培养和发挥学生的主体性。学生在教师的指导下，利用教师提供的资料或自己查找信息，进行个别化和协作式相结合的自主学习；在利用信息技术完成任务后，师生一起进行学习评价、反馈。在整个教学过程中，学生能够发挥主体性，发展个性。教师在整合教学中发挥主导作用，以各种形式、多种手段调动学生的学习积极性，帮助学生实现学习目标。这样的教学十分有利于学生主体性的发挥和问题解决能力的培养。信息技术和英语教学整合在国内还刚刚开始，它有利于形成学生的学习和成长的优势。但信息世界也不是一块净土，比如，网上有许多不健康的内容，学生上网，也有不能自控的失范行为，对此教师要善于引导学生，发挥网络的积极作用，促进英语教学。

（2）培养学生的创新精神。信息技术和多媒体技术所特有的影音效果，能使学生接受多种途径的感性刺激，有利于其对知识的记忆。而通过网络所获得的有益教学的信息则是传统教学所无法比拟的，因此它更能激发学生的学习兴趣，充分发挥学生的主体性，并培养其创新精神。

（3）培养学生的探索精神。通过信息技术，学生利用网络了解英语国家的社会环境、风俗习惯、民族心理、历史文化等，对学生的英语学习有很大帮助。教师可根据英语教学的教学内容，将所呈现的学习内容进行收集、加工、分析、处理，整理成多媒体、超文本的学习资源，为学生创设一种直观形象、生动有趣、便于理解记忆的语言环境和语言交际情境，让学生在这些情境中进行探究，从而使学生自主地发现问题，并通过自己的实践提出解决问题的方案与办法。这样做有助于学生对学习内容的理解和学习能力的提高，进一步培养学生的探索精神。

3. 信息技术与学习的整合

信息技术与学习的整合主要体现在教师对学生进行学习策略指导和学生的自主学习上。通过信息技术学习英语是一条全新而有效的途径。在以学生为主体的英语学习中，对学习策略的指导尤为必要：一方面，这是对英语语言学习规律的把握；另一方面，这涉及如何运用多媒体技术和互联网来辅助学习。可以通过课堂教学和课外学习中的讲座、讨论指导学生认识英语学习规律；还可以把平时在互联网上浏览时收集的有助于英语学习的网站分类整理提供给学生，为他们自主学习和运用网络学习英语提供帮助。在课堂学习中，学生能较好地利用从这些网站中获取的信息拓展有限的课文内容，并通过计算机技术做成电子作品，丰富课堂学习内容，使英语学习饶有趣味。

4. 信息技术与教材的整合

与当前英语课本及其相关练习和阅读材料相比，信息技术和互联网所提供的资源的丰富程度是超乎人们想象的。信息技术和互联网已经在打破传统课堂教学模式，教师和学生可以借助网络收集与整理相关课题的资料作为教材课题的拓展学习资源，可以通过文本阅读讨论，或以幻灯片形式学习，也可以在学校主页上建立链接进行网络学习，还可以由教师把经过认真筛选的相关网址提供给学生自主学习。多种方式的学习使教学信息得到极大扩充，知识范围得以广泛拓展，课堂结构更趋开放；同时，学生的视野得以拓宽，思路更加开阔，利于创造力的培养。在传统教学中，课本就是世界，而今，世界成为课本，学习资源可以随时随地选取。这正是信息技术与教材整合的优势。

5. 信息技术与课程评价的整合

信息技术在教学评价中也大有作为，信息技术的应用丰富了评价内容，使其更加全面、更加科学。首先，信息技术使评价和反馈变得简捷，如网络课堂上教师可通过留言板监控学生的学习进程；其次，它拓展了评价内容，信息技术本身就可以作为一项标准来评价学生的电子作业，如幻灯片、网页等。对于学生评价的重点可以是课题研究计划的可行性、研究方法的有效性、学生的参与程度、协作意识，作品是否切合主题，内容的丰富性、合理性、创新性，技术的应用程度，等等。教师还可以通过英语学科题库进行测评，为评价提供参考数据。条件许可时，可以在线课堂测试检验学习效果。这些都为教师反思和调整教学内容、手段与步骤提供了必要参考。教师可以利用办公软件和校园网络，轻松地对学生的所有相关数据进行电子化管理，如学生的各种测试的成绩、行为记录和学期评价等。利用信息技术，教师的工作效率明显提高，评价内容更为丰富，教育管理也更加科学有序。

（二）英语教学与信息技术整合的基本模式

英语教学与信息技术整合，应该借助信息技术的优势，充分利用其多媒体信息集成技术、超文本技术、网络技术等，作为教师的英语教学辅助工具和学生英语学习的认知工具，构筑数字化英语学习资源，使学习者实现英语学习方式的变革，从被动接受式学习真正转变为自主学习和有意义学习。英语教学与信息技术的整合将带来英语教育观念的转变，形成新型的教学结构，从以教师为中心的讲授，转变为学生探索发现式的自主学习、协商讨论和意义建构。

在这种整合模式下，首先，教师根据教学目标对教材进行分析和处理，并以课件或网页的形式把教学内容呈现给学生。其次，学生接受了学习任务以后，在教师的指导下，利用教师提供的资料（或自己查找信息）进行个别化和协作式相结合的自主学习，并利用信息技术完成任务。最后，师生一起进行学习评价、反馈。教师和学生在信息技术的帮助下，分别进行教学和学习。在整个教学过程中，学生的主体性和个别化得到较大的体现，这样的教学氛围十分有利于学生的创新精神和问题解决能力的培养。同时，教师通过整合的任务，发挥了自己的主导作用，以各种形式、多种手段帮助学生学习，有助于进一步调动学生的学习积极性。

英语教学与信息技术整合的具体模式有以下几种。

1. 英语教师的辅教工具

英语教学与信息技术整合，是原来的计算机辅助英语教学理念的提升和发展。原来的信息技术教学应用更加关注辅助教学，而且将信息技术孤立于课程目标之外，不能作为教学结构的有机元素来看待，结果不能取得良好的教学效果。信息技术与英语课程的整合，并非忽视信息技术作为英语教学工具的功能，而是把其作为英语教学与信息技术整合的一个侧面来看待。信息技术作为英语教师的教学辅助工具，主要是作为知识呈现工具、师生通信交流工具、测评工具及情境展示工具等。信息技术作为英语教学工具，将更加关注其教学设计的合理性，从英语教学目标出发，真正地把信息技术整合于英语教学之中。

2. 学生学习的认知工具

英语教学与信息技术的整合，与辅助英语教学的明显区别，就是信息技术可以作为学生强大的认知工具。在这种模式中，信息技术成了学生学习与认知的有效工具，并且根据英语学习目标，学习者能够合理地选择信息技术工具。信息技术主要作为英语学习内容和英语学习资源的获取工具、作为协商学习和交流讨论的通信工具、作为知识构建和创作的实践工具、作为自我评测的反馈工具。学习者必须根据学习环境和目标以及预期结果，选择合适的信息技术工具作为自己的英语学习工具。

3. 学习环境的构建工具

信息技术应该构建一个有效的英语学习环境。通过信息技术，可以呈现一个真实的或者虚拟的学习环境，让学习者真正在其中体验，学会在环境中主动建构、积极建构，构筑自己的学习经验。信息技术构建学习环境，可以通过其网络通信功能以及虚拟功能等方面体现，营造学习者有效的英语学习环境。

五、英语教学与信息技术整合模式所应用的环境

（一）基于多媒体教学软件的英语教学

基于多媒体教学软件的英语教学具有以下两种类型。

1. 创设情境型——创设学习情境，激发学习兴趣

英语学习需要一个良好的语言学习和使用的环境。多媒体教学软件具有形象、生动的特点，可以提供声情并茂的情境，激发学生的学习兴趣，丰富学生的学习素材，以激发学生学习英语、运用英语的积极性。运用多媒体教学软件进行英语教学，实施的出发点之一就是，力争使用多媒体教学软件创设出良好的语言学习环境，为学生提供运用英语进行听、说、读、写全方位的训练，从而提高学生学习英语的兴趣，有效地培养学生听、说、读、写的能力。

2.学习资料型——提供学习资料，开阔学生视野

使用具有丰富学习内容的多媒体教学软件，可以为学习者提供大量的学习资料，而教学软件的图、声、文字的结合，可使学生在学习时兴致盎然。通过利用这种学习资料型的英语教学软件进行学习，不仅可以使学生的听、说、读、写能力得到训练，而且在练习英语基本功的同时开阔了视野。这种学习资料型的英语教学软件，可以是老师自行开发的，也可以是从市场购买的；学生对这类资料的应用，可以作为在课堂上使用的学习材料，也可以作为课后的学习辅助材料。

（二）基于网络资源的英语教学

在网络环境下，网络自身就是一个生动丰富的背景课堂，它不仅为每个学生提供个性化的学习空间，让学生能动地自主学习，而且教师也可以利用网络资源为课堂教学创设形象逼真的学习环境。网络英语教学具有以下特点。

1.学习环境的形象性

多媒体教学软件可以为学生提供逼真的视听环境，通过视觉和听觉的组合优势提高教学效果。而网络英语教学则更上一层楼，它无须人为地创设一个多媒体环境，因为网络本身就是一个真实的多媒体世界。学生可以进入自然真切的情境进行身临其境般的英语学习，学习效果也可以获得即时反馈。

2.学习过程的创造性

网络英语教学选定互联网的某一站点或校园网的某一资源库作为学生取舍的素材来源，而对素材的选择、组拼、融合、消化、转换则通过学生发挥想象力和创造力来完成。

3.教学模式的先进性

网络英语教学是一种以学生为主体、以教师为主导的全员参与的"双主"模式，事先没有固定的教材，在教师的引导下，每个学生都将老师精心挑选的素材个性化地加工成了一篇短小的课文。也就是说，学生自主学习，自己利用网络环境和资源"编制"成"教材"。毫无疑问，学生对自己成果的偏爱和认同，是任何统编教材都无法比拟的。因此，网络英语教学模式具有无可比拟的先进性，它使学生对所学的内容产生强烈的认同感，学习积极性和学习兴趣空前高涨。

4.学习资源的开放性

网络具有很大的开放性，它本身就是一个无比丰富的资源库。和教师事先编制的课件或印刷成册的课本相比，它更能为学生提供全方位的学习资源。首先，网上的学习资料是动态的，处于即时更新的状态；其次，它的资料丰富多彩，涵盖了社会的方方面面，为师生双方都提供了很大的选择余地，有利于培养学生的自主学习能力；最后，它的资料形象生动，图、文、声并茂，很容易吸引学生的注意力，激发学习兴趣。因此，网络英语教学将教室扩大到有"信息海洋"之称的互联网上，使网络成为学生学习英语的一个组成部分，形成了一种真正意义上的开放性英语教学。

第二节 多元文化背景下英语教学与信息技术整合的重点与作用

一、英语教学与信息技术整合的重点

英语教学与信息技术的整合是目前英语教育教学改革的制高点与突破口。首先，要在以多媒体和网络为基础的信息化环境中实施英语教学活动，是指学与教活动要在信息化环境中进行，包括多媒体计算机、多媒体课堂网络、校园网络和互联网络等。学与教的活动包括在网上实施讲授、讨论学习、协商学习、虚拟实验、创作实践等环节。其次，要对课程教学内容进行信息化处理，并使之成为学习者的学习资源。即教师开发和学生创作并行，把课程学习内容转化为信息化的学习资源，并提供给学习者共享，而不仅仅是教师用来演示。同时，还可以把课程内容编制成电子文稿、多媒体课件、网络课程等，教师用来进行讲授或作为学生学习的资源。充分利用全球性的、可共享的信息化资源，作为课程教学的素材资源，如将数字处理的视频资料、图像资料、文本资料等作为教师开发或学习创作的素材，整合到课程内容相关的电子文稿、课件之中，整合到学习者的课程学习中。还可将共享的信息化资源与课程内容融合在一起，直接作为学习对象，供学生进行评议、分析、讨论。最后，利用信息加工工具让学生进行知识重构，如利用文字处理、图像处理、信息集成的数字化工具，对课程知识内容进行重组、创作，使信息技术与课程整合不仅向学生传授知识，让学生获得知识，而且能够使学生进行知识重构和创造。

（一）整合的目标

英语教学与信息技术整合的目标是提高英语学科的教学质量，促进英语学科教学目标的实现。也就是说整合追求的是提高英语学科的教学质量，提高学生学习英语的效果和效率等目标，而不应是技术方面的目标。英语课程的总体目标是培养学生的综合语言运用能力。综合语言运用能力的形成建立在学生语言技能、语言知识、情感态度、学习策略和文化意识等素养整体发展的基础上。对学生的基本要求为：有较明确的英语学习动机和积极主动的学习态度；能听懂教师有关熟悉话题的陈述并参与讨论；能就日常生活的各种话题与他人交换信息，并陈述自己的意见；能读懂相关的读物和报纸、杂志，克服生词障碍，理解大意；能根据阅读目的运用恰当的阅读策略；能根据提示起草和修改小作文；能与他人合作，解决问题并报告结果，共同完成学习任务；能对自己的学习进行评价，总结学习方法；能利用多种教育资源进行学习，进一步增强对文化差异的理解和认识。而整合就是要将信息技术的应用"毫无痕迹"地融合在课堂教学中，促进更好、更快、更多、更省地完成上述任务和要求。只有在此基础上，才能追求发展性的培养目标（培养和提高学生的信息素养，不仅限于技术操作），将发展性目标统一在基础性目标的实现过程中，并与之协调发展，而不能本末倒置。

（二）整合的前提

要想更好地完成上述目标，在英语教学与信息技术整合的过程中，其前提就是要切实结合英语学科的特点和学生的生理、心理特点。要依据英语学科特点和学生生理、心理特点剪裁和组合信息技术，安排课堂内容结构、运用教学策略和设计活动等。首先，英语教学的学习是学生通过英语学习和实践活动，逐步掌握英语知识和技能，提高语言实际运用能力的过程，其中听、说、读、写是一个有机整体。因此，在课堂上，我们应该改变传统的过分重视语法和词汇知识讲解的做法，采用任务驱动的方式，把听、说、读、写、译的各种技能结合起来，并把它们统一在具体的问题和任务中，让学生"在做中学，在做中用"。此外，教师可以根据英语学习认知过程的分析，来设计课堂教学的各个环节、步骤和活动，利用信息技术激发学生的兴趣，用任务调动学生探究热情，用个性化的学习让学生独立思考，用协作学习让学生进行交流、运用和建构。当然，英语教师还要根据学生爱说、爱动、善于模仿、记忆力强、有强烈的竞争意识和表现欲，以及喜欢尝试着把学到的语言材料随时进行对话、叙述和表演等特点，来设计开展丰富多彩的课堂交际活动，便于学生边学边练、学用结合，使所学的语言材料能够在运用中获得巩固和提高。

（三）整合的条件

英语教学与信息技术的整合是需要条件的，要在以多媒体和网络为基础的信息化环境中实施。它不同于过去研究的视听技术支持下的多种媒体在教学过程中优化组合应用的整合，而是指学与教的活动要在信息化环境中进行，包括多媒体计算机、多媒体课堂网络、校园网络和互联网络等。当然，这不是为了用技术而用技术，而是在现有的条件下，充分发挥信息技术的优势，为学生创造出理想的学习环境，促进教学方式、学习方式和教学结构等的一系列转变。实践证明，信息技术在英语教学中有以下优势。

1. 语言学习环境自然、真实

信息技术能够创设自然而真实的语言学习环境。集成性是多媒体技术的关键特性之一，它可以将文字、声音、图形、动态图像有机地集成在一起，并把结果综合地表现出来。与课本、录音带等传统教学媒体相比，多媒体能提供更为真实、更接近自然的语言输入，提供情境性更强、更生动活泼的语言教学，从而激发学生的学习兴趣和学习动机。再加上多媒体技术与网络的结合不仅可以提供来源和表现形式多样化的英语输入量，而且可以为学习者创造丰富、自然的目标语环境，让他们在真实的环境中学习和接受挑战性的学习任务，促进学习形态由低投入（被动型）转向高投入（主动型）。这对于学习者发现语言规律，建构自己的语言系统是非常重要的。

2. 丰富的资源有利于学生实现自主学习

多媒体与网络能够提供丰富的教学资源，引导学生自主学习。借助多媒体和网络的海量存储，每个学生都会很容易得到比以前任何时候都多的信息。各种各样的英语学习网站、各种新型教学资源，都补充、扩展了传统的教学资源，使学生获得了更多的学习机会。不仅如此，很多计算机软件能够提供友好的交互界面，能针对语音、听力、词汇、阅读、写作等提供练习任务，并给予相应的反馈和指导。通过人机对话的方式，学生可以自主地探究学习。这样，一方面可以扩大英语课堂的信息容量，从而增大训练的广度、密度和深度；另一方面也有利于因材施教和个别化的教学，有利于培养学生的学习兴趣，以使其找到获取知识的最佳途径，并获得最佳的学习效果，这是传统的课堂教学所不能比拟的。

3. 更好地体现了素质教育

英语教学与信息技术的整合使素质教育在英语教学中得到了更好的贯彻和体现。一方面，在计算机和网络所创设的真实、自然的语言学习环境中，学生不仅满足了个人兴趣，在生动活泼的氛围中感受和体验到了特定的语境与标准的语音、语调，从而更好地把握所学内容，并且陶冶了情操、开阔了视野、了解了外国的风土人情和文化，进而提高了跨文化交际能力；在和同伴的直接交流中，可以发挥创造思维能力和合作能力，让学生充分地学以致用，解决实际问题。另一方面，英语学习是多种感官的协同学习，掌握一门语言也必然是听、说、读、写和译的诸方面能力的综合掌握，英语教学与信息技术的整合不仅可以兼顾这些方面，而且可以达到比传统教学手段更好的效果，从而全面提高其综合素质。

（四）整合的关键

英语教学与信息技术的整合就是要建立一种新型的教学结构。在整合中，不仅仅是把信息技术作为辅助教或辅助学的工具，而且强调要利用信息技术营造一种理想的教学环境，通过教师—学生—信息技术—教学资源的有机融合和持续互动，建立起教师主导—学生主体的新型教学结构，以实现一种能充分体现学生主体地位的"自主、探究、合作"为特征的新型学习方式，切实促进我国英语教学的改革。这是整合的关键所在。要通过新的师生关系、新的生生关系和新的学习工具，为学生创造大量的学习、实践、思考的机会，让学生去发现和利用当前的信息和资源（包括师生、生生、生机之间的互动交流所获得的），并将其所学知识和技能用于较为复杂与真实的情境中的"开口"和"对话"，让学生实质性地参与教学过程，真正地做到"为用而学，在用中学，学了就用"。

二、英语教学与信息技术整合的作用及整合中应该注意的问题

（一）英语教学与信息技术有效整合的作用

同信息技术一样，教学也是一种手段，英语教学与信息技术有效整合的结果也是一种手段。使用这一手段的目的，是充分利用现代信息技术的优势，促使教学任务的更好完成，从而推动素质教育的顺利进行。显然，这种整合模式，应该成为学生获取信息、探索问题、合作学习、解决问题和构建知识的认知工具。

1. 进行教学演示

这是英语教学与信息技术整合的最初形式，也是最基本的层次。教师利用教学软件或多媒体素材，编写自己的多媒体课件，用动画、影片等营造、创设语言情境，激起学生的学习兴趣，并且可以使教学更贴合实际。英语教学与信息技术的整合，使计算机代替粉笔、黑板等传统教学媒体，实现传统模式所无法实现的教学功能。

2. 促进主体交流

英语教学过程应该是师生之间、生生之间互动的交流过程。通过互联网、局域网的硬件环境，实现师生之间、生生之间的专题质疑、问题研讨和感情交流，以及师生与外校、外地、外界的连接，达到快速、优质、高效的目的，实现知识获取和能力培养的最大效益。该种整合模式可以实现个别辅导式的教学，既能代替教师的部分职能，如出题、评定等，还能较好地实现因材施教，解决因主体个别差异导致的质量失衡问题，并且能更有效地提高学生学习的投入性、自觉性。

3. 能增加课堂知识密度

英语教学与信息技术整合可以改变课堂教学模式，加快课堂节奏，增加教学密度，增强课堂知识的容量，扩大学生知识面。同时，还能培养学生动手、动脑的能力，促使学生积极思维，形成师生之间、生生之间的多层互动，激起学生主动学习的欲望，使学生主动参与课堂教学活动。教师在使用信息技术时，可以从实际情况出发，制作一些诸如"插播片""片段片""素材片"等课件。在具体教学活动中，有效地利用这些课件，使现代信息技术真正起到辅助作用，从而更好地发挥学生的主体作用。

4. 优化课堂结构，突出重点，突破难点

学生所获得的知识有80%来源于课堂，所以优化课堂结构显得尤为重要。在英语教学中，经常需要引入各种媒体，教师的备课资料和收集到的信息，包括课文、练习、问题、演示，以及相关的预备知识、补充材料等，在具体教学过程中出现的时间、方式、次数等都是动态和随机的，会受课堂教学中各种因素的影响。在常规教学手段下，各种不同的教学信息分别出现在教科书、录音机、录像带等不同媒体中，很难有效地整合在一起。利用超文本的网状非线性的信息管理方式，教师可以根据学生的思维习惯和教学要求，把所有资料连接到一起，极大地方便教学。信息技术还可以超越时空，把教学内容延伸到生动的情境中，并使其逼真地再现，使抽象的知识变得具体化、简单化、直观化，缩短了客观实物与学生之间的距离，从而降低了学习难度，使学生容易接受和理解，获得深刻、清晰的感知。

5. 有利于资源环境的生成

英语教学与信息技术的整合，可以突破课本作为知识主要来源的限制，而不断生成新的、丰富多彩的教学资源环境。如异地景观、背景材料、实物模型、重要数据等，很多是课本所不能容纳的，而这类材料却能极大地丰富教学的资源环境。以英语学科为例，其信息技术资源包括英语教学中所凭借的信息技术手段及其相应配置，还包括通过信息技术进行数字化的自然、社会、人文等方面无限丰富的资源。这种资源一旦被开发利用，英语教学的手段和条件都将发生巨大变化。类似于尺幅千里、须弥芥子、心游万仞、思接千载、异步对话、时空隧道等种种原来属于夸张范畴的内容，一旦在英语教学中成为现实，将极大地丰富教学资源，大大提高学生学习英语的主动性和创造性。

6. 提高学习效率

布鲁纳认为："在学校教育教学中，所有的教学计划在很大程度上将依赖于为达到教学目标而采用的教学媒体。"教育心理学研究表明，现代信息技术和英语教学的整合能极大地提高学生的学习效率。学生在学习时通过听觉获得的知识能够记忆15%，通过视觉获得的知识能够记忆25%，如果同时使用这两种传递知识的方式，就能够获得65%的知识。现代信息技术和英语教学的整合就是利用图、文、声来传授知识，使学生充分利用视觉、听觉接受知识，综合利用各种感官进行学习，以取得最佳学习效果。现代英语教学与信息技术的整合使学生不但使用了视觉器官，而且调动了他们的听觉器官。语言的音、形、义是一个整体，在呈现中不可能将其截然割裂开来。利用现代信息技术进行听说训练，可以充分调动学生的视觉、听觉、触觉等感官作用，使其互相配合，加大语言信息的刺激量，从而大大提高学生的学习效率。

7. 促进研究性学习的发展

近年来，研究性学习已经突破了课外活动的限制，被提升为基本的课程内容之一。教育部颁布的新的课程标准强调，要通过课程改革，加强学生基本素质的培养，通过规范的课程教学，把学生培养成学会生存、懂得知识、掌握本领、发展能力的身心健康的新"四有"人才。研究性学习正是课程改革的重要内容之一。在教学过程中，根据英语学科内容，利用多媒体集成工具或网页开发工具，将需要呈现的课程内容，以多媒体、超文本、友好交互的方式进行集成、加工、处理转化成数字化学习资源，同时根据英语教学需要创设一定的情境，并让学生在这些情境中探究、发现，这极利于学生对学习内容的理解和学习能力的提高。

8. 培养学生终身学习的态度和能力

当今"终身学习"已经由人们的单纯的愿望变成了具体的行动。时势可以铸造英才，时势也可以淘汰庸人，现实迫使人们产生了紧迫感。学会学习和终身学习，是信息社会对公民的基本要求。英语教学与信息技术的整合，迎合了时代的要求，在培养学生树立终身学习的态度上有独特的优势。这种整合，使得学生具有主动学习知识的要求和愿望，在付诸日常生活实践中能独立自主地学习，能自我组织、制订并实施学习计划，能调控学习过程，能对学习结果进行自我评估。这无疑在学习方法上进行了一种革命式的变革。

9. 培养学生的适应能力和解决实际问题的能力

传统与现代的英语教学方式的区别，最根本的就在于能力的掌握与否。在信息时代，知识和技术成为第一生产力，是社会生产力、经济竞争力的关键因素，知识本身发生激增、剧变、更新，而且频率加快，周期缩短。同时，知识本身的高度综合和学科渗透、交叉，使得人类的一切领域都受到广泛的冲击和影响。在这种科学技术和社会结构发生急剧变革的大背景下，适应能力、应变能力和解决问题的能力，将变得更为重要。我们必须改革英语教学方式，培养学生的上述能力，才能使其适应社会的发展。由于信息技术和英语教学的整合能够最大限度地开发学生潜力，调动学生的积极因素，因此，学生能力的培养问题将能迎刃而解。

10. 有利于培养学生的信息素养

英语教学与信息技术的整合可以培养学生的信息素养与信息利用素质。信息技术融入英语教学过程，使英语教学方式变革了，英语教学视野拓宽了，英语教学内容丰富了，学生对信息的获取、分析、加工和利用成为英语学习过程的主要内容，因而能最大限度地贴近生活实际，融入网络时代，利用信息能力解决问题。

（二）整合中应注意的问题

1. 避免直观形象教学与语言教学脱节

信息技术能提供真实的直观形象材料，使学生获得全新且充分的感知。但是，教师还必须适时加以适当的提示、强调、总结，并予以引导，不能只关注直观材料本身而忽略对学生讲解所展示的视觉材料与教材之间的内在联系，不能忽略形象材料的辅助性和课文材料文字信息的主要性，造成直观形象教学与课堂语言教学相脱节的现象。教师只有针对语言教学的重点和难点进行教学设计，把握好教学内容的深度，合理使用信息技术，才能取得良好的教学效果。

2. 把握适时、适度、适当原则

适时就是运用多媒体时要选择有利于学生掌握重点，并使教学达到最佳效果的时机；适度就是多媒体的运用要做到既不喧宾夺主地滥用，也不能因噎废食而全然不用；适当就是多媒体要用在关键之处，用在激发学生学习之处，用在突出重点、突破难点之处，用在利于学生内化教学内容之处。教师要注重发挥多媒体的特点与功能，找准计算机多媒体与教学内容的切入点，合理使用信息技术，以取得良好的教学效果。要确保发挥信息技术的优势和实效，必须依次考虑以下问题：信息技术是否适用于当前教学内容、学习者和教学目标的需要；信息技术在实现当前教学目标方面是否有不可替代的优势，具体体现在哪些方面；应如何通过有效的教学策略使潜在优势转变为教学实效；如何消除当前教学中应用信息技术的不利影响。

3. 把握整体性原则

在整合后的课堂教学中，教师应以"以人为本"的课程理念和教学思想为导向，通过教学设计，以符合学科特点和学生学习需求的方式，高效应用信息技术，追求信息技术在促进教学、学习和学生全面发展方面的实效性。英语教学与信息技术整合的教学设计是一个结构性的系统。因此，教师应把握整体性原则，综合考虑该系统包括的各个要素和环节，如教师、学生、教学内容、教学目标、教学媒体和教学方法等，追求信息技术应用与教学方式变革的相互促进。教师必须明确，在整合的课堂教学中，教学策略起着核心作用，教师应追求的是每节课或一系列教学活动在教学、学习和学生全面发展等方面的实效，而不应过多考虑教学中采用的信息技术的多与少，或者所用信息技术的先进与否。

4. 信息技术与多种活动方式的综合运用

信息技术给教育和教学带来了深刻的革命，但它并不是万能的，不能代替学生的操作实践等活动，也不能完全取代教师的地位，它只是一个帮助我们认识世界的有效工具。要避免信息技术应用与其他活动方式的对立，杜绝切断学生与社会、生活实践联系的"全盘信息化"，不能为用信息技术而剥夺学生的动手实践机会。课堂活动的主要形式不能仅仅是人机互动，也是师生之间、学生之间的互动。要充分发挥教师的主导和学生的主体作用，让学生自己去加工整理、呈现信息，提高他们的主观能动性，创造良好的教学关系。此外，在充分利用现代信息技术的同时，还要注重常规媒体与教学手段的有机结合与渗透，以达到事半功倍的效果。

第三节　多元文化背景下英语教学与信息技术整合实践

一、信息技术与英语听力课程的整合

传统的听力教学主要是靠录音机和教师本身来完成的。这种方式方法单一、控制不便，而计算机的应用则弥补了这一不足。首先，可以利用U盘或光盘存储听力资料。因为这些存储方式具有容量大、携带方便、容易保存、复制快捷等诸多优点。薄薄的一张光盘，可存储相当于几十盘录音带的内容。而且光盘的复制比录音带的复制容易得多。其次，可以运用多媒体播放听力材料。这种方式集文字、图像、声音于一体，形象生动，可以激发学生的学习兴趣，突出、解决听力中的难点，从而有效提高学生听力水平。而且在播放中，内容可以任意前进、后退和重复，学生如果某一句或某一段听不懂，可以迅速而准确地找到并重复听，这一点是传统教学方法所无法比拟的。最后，可以选择地道的英语听力软件，确保学生的英语口语更标准、更纯正。传统的听力教学，尤其是教师的英语授课是因人而异的，若教师的语音、语调不准确、不规范，势必给学生的听力提高造成障碍。而好的听力软件，所播放的语音纯正、地道，学生听起来是一种享受，可以确保学生的英语口语更标准、更纯正，进而有效弥补教师的不足。

二、信息技术与英语口语课程的整合

随着文化多元化的逐步加深，培养学生说的能力显得越来越重要。而对说的能力的培养，离不开环境。现代信息技术的发展，为学生提供了更为广阔而真实的空间。

首先体现在人机对话方面。学生可以选取一种软件来自主地训练自己的语音、语调和表达能力。如学生可对着话筒模仿计算机所播放的内容，计算机再对此进行反馈，形成学生愿学、乐学的情形，这样学生说的能力在不知不觉中便得到了提高。

其次，就是网上交谈。一是通过网络，学生可以和英语国家的人直接交谈。外籍教师毕竟有限，现实生活中学生也很少有机会与英语国家的人直接沟通。而通过国际互联网，学生可以用英语和英语国家的人直接交谈、沟通。二是通过网络，学生可以和国内说英语的人士交流。国内网民人数与日俱增，其中不乏精通英语的人士，因而学生和他们交流就更容易，交谈话题更多。三是通过校园网络，学生可以和教师、同学自由对话。学生可以在教师的指导下，根据各自的语言水平和爱好，选择不同的交谈内容和交谈对象。这样教师也变"授人以鱼"的教学方式为"授人以渔"，让学生主动参与学习活动，能进行自主的探索学习。

三、信息技术与英语阅读课程的整合

阅读是英语教学的核心内容之一。如何有效地提高学生的阅读能力，是英语教学的关键所在。信息技术的应用将使英语阅读教学跨上一个新的台阶。例如，计算机辅助教学具有能集成文字、图像、影像、声音及动画等多种信息的功能，因此，它越来越受到欢迎；多媒体技术的运用可以使课堂教学容量相对增大，给学生提供了更多的语言实践机会；多媒体课件的形象生动，可以大大提高学生的英语阅读兴趣。利用多媒体网络进行英语阅读教学，是培养学生阅读能力的一条新途径。它可以有效地克服以往英语阅读教学中的许多问题，如阅读题材狭窄、内容陈旧，训练方法单一、呆板等问题，因为网络具有信息丰富、题材广泛且新颖、反馈及时等特点，可以极大地提高学生的阅读兴趣，激发他们的求知欲望，从而有效提高学生的阅读能力。

教师在选择网上阅读材料时，应大体遵循以下五个原则：一是拓展性，即从网上选取的材料是对教材内容的扩展、延伸，而不是简单的重复。二是时效性，即所选的材料内容要新，有时代感或是关于一些热点问题的。三是趣味性，即所选材料要符合学生特点，能引起他们的兴趣。四是科学性，即所选材料要真实、如实地反映客观实际。这一点要特别注意，因为网上虚拟的东西数不胜数。五是艺术性，即所选材料要难易适中，适合学生阅读水平，对一些文章可进行适当改编。

四、信息技术与英语写作课程的整合

　　传统的英语写作训练方法比较单调乏味，教师一般是让学生就情景写作，或改写课文，或写英文日记。而信息技术的应用，则可使英语写作变得生动有趣、丰富多彩。首先，可以利用多媒体课件，创设写作背景。例如，教师可在屏幕上显示一些引人展开联想的画面或关键词语，或者播放一段故事，让学生观其形、闻其声，然后有所感而写。还可以设计一些有趣的练习，让学生掌握一定的词汇用法、句型及语法后，再逐步地进行写作训练。其次，教师可以利用网络优势，提高学生的写作能力。例如，教师可以组织并带领学生一起通过网络收集相关信息，让学生了解关于一些写作主题的信息。最后要求学生挑选出一个自己最感兴趣的话题写一段简短的话，发电子邮件给教师或自己的好朋友，让学生充分体验成功的喜悦，增强学习英语的兴趣和自信心。教师还可指导学生结交国际笔友，发送电子邮件，让学生在日常交流中不知不觉地提高自己的写作水平。

　　信息技术为英语写作教学提供了更丰富的素材，以及更多、更迅速的实现渠道和更多、更有效的交流方式。这些渠道和方式，让每个学生都参与到教与学的活动中来，动手操作、亲自开口说、主动思考，既提高了学生的计算机操作能力，又促进了学生英语听、说、读、写的能力，达到信息技术和英语教学同步提高的双赢目的。

参考文献

[1] 马洁婷. 多元文化交融背景下高校英语教学模式探究 [C]// 中国通俗文艺研究会, 中国社会经济文化交流协会. 2024年"传承·弘扬中华文化"高峰论坛论文集. 西安财经大学行知学院, 2024: 3.

[2] 李畅, 黄金. 多元文化交融背景下高校英语教学策略研究 [J]. 学周刊, 2024（16）: 74-78.

[3] 汤继. 基于多元文化视角的高校英语教学改革路径探索 [J]. 科教导刊, 2024（13）: 131-133.

[4] 王雪. 多元文化视域下高校英语教学改革策略探究 [J]. 英语教师, 2024, 24（1）: 79-81.

[5] 靳梦月. 多元文化视角下高校英语教学改革创新的途径探寻 [J]. 海外英语, 2023（22）: 103-105.

[6] 吴莉. 多元文化交融背景下高校英语教学策略研究 [J]. 山东商业职业技术学院学报, 2023, 23（5）: 63-66.

[7] 曲晓慧. 多元文化背景下大学英语教学中文化自信研究 [J]. 黑龙江教师发展学院学报, 2023, 42（8）: 68-71.

[8] 谭芳敏. 多元文化背景下高职英语课程思政教育研究 [J]. 淮南职业技术学院学报, 2023, 23（3）: 95-97.

[9] 朱秋琰. 高校英语中的多元文化教学体系探究 [J]. 现代英语, 2023（5）: 63-66.

[10] 马睿昕. 融入多元文化的校园英语教学方法研究 [J]. 海外英语, 2023（1）: 146-148.

[11] 李小婷. 多元文化教育视角下的小学英语教学 [J]. 试题与研究, 2023（1）: 79-81.

[12] 邹朝华. 多元文化视角下高校英语教学改革创新的思考 [J]. 科技资讯, 2022, 20（17）: 165-167.

[13] 谢锦. 多元文化影响背景下高校英语教学研究 [J]. 高教学刊, 2022, 8（24）: 128-131.

[14] 陈安冉. 高中英语教师文化回应性教学实施现状研究 [D]. 江南大学, 2022.

[15] 蔡曙婷. 浅谈多元文化交融对当代高校英语教学的影响 [J]. 大学, 2022（14）: 189-192.

[16] 李伟. 浅析中职英语教学中多元文化渗透的意义和策略 [J]. 科幻画报, 2022（4）: 112-113.

[17] 张新旺. 基于多元文化视域高校英语教学实践探究 [J]. 江西电力职业技术学院学报, 2021, 34（12）: 62-63+65.

[18] 耿晓娜. 多元文化背景下高校英语教学改革研究 [J]. 江西电力职业技术学院学报, 2021, 34（12）: 80-81.

[19] 朱梅华. 中小学英语学习中的文化体验研究 [D]. 华中师范大学, 2021.

[20] 许晓艳. 多元文化背景下大学公共英语教学中的跨文化意识培养探析 [J]. 科教文汇（下旬刊）, 2021（30）: 179-181.